공양
올리는
마음

공양 올리는 마음

혜총 스님

불광출판사

공양
올리는 마음

혜총 큰스님께서 포교원장 소임을 사시면서 하신 수많은 법문을 한데 모아 『공양 올리는 마음』이라는 책을 세상에 내놓으시면서 대중공양을 하신다니 이보다 더 참된 공양이 어디 있을까 하는 생각이 듭니다.

세상에는 곳곳마다 부처님의 법문이 가득하지만 우리는 미혹해서 그 법문을 다 헤아리지 못합니다. 그래서 지금도 스님들은 끊임없이 법을 전하고 있습니다. 선지식의 법문을 들을 때나 법문집을 볼 때는 항상 나의 미혹함을 알고 반드시 이 미혹으로부터 벗어나고 말겠다는 원을 세워야 합니다. 그래야 여러 불보살님과 수많은 선지식들께 은혜 갚는 일이 됩니다.

오늘 혜총 큰스님께서 대중을 살피시는 자비로운 마음으로 바쁘게 생활하는 우리들에게 가끔 돌아보라 하시니 깨달음의 참다운 의미를 문득 새겨보게 됩니다.

혜총 큰스님은 포교원장 재임 동안 항상 대중을 부처님처럼 생각하시고 부처님께 공양 올리는 마음으로 대중을 살피셨습니다. 지위가 낮거나 높거나 불교를 믿거나 믿지 않거나 가까이 다가가 미소로써 '우리는 모두 하나'라는 세계일화(世界一華)의 부처님 뜻을 펴시고자 하셨습니다.

법문집에는 각계각층의 사람들에게 근기에 따라 펼치신 말씀들이 풍부한 예화와 함께 설해져 있습니다. 일상의 번뇌에 마음을 잃을 때 책을 열면 청량한 계곡의 시냇물처럼 스님의 법문이 울려 퍼질 것입니다.

이 법문집의 인연으로 우리 모두 혜총 큰스님과 더불어 일상의 순간순간마다 부처님께 예경 올리는 거룩한 마음으로 살아갑시다.

대한불교조계종 총무원장
자승 합장

부처님께
공양 올립니다

시절인연으로 포교원장이라는 중책을 맡아 무탈하게 종무를 수행하도록 지난 5년 동안 격려와 경책을 아끼지 않으신 종정 예하와 총무원장스님, 대종사, 원로 어른스님과 여러 대덕스님, 그리고 인연 불자님께 감사드립니다.

소납은 하루도 거르지 않고 떠오르는 아침 해를 보면서 태양이 올리는 공양을 생각합니다. 천지만물을 향해 비치는 햇빛은 태양이 대자연을 향해 올리는 거룩한 공양입니다. 이 부지런하며 정성스런 태양의 공양행(供養行)이 없다면 만물은 하루도 살지 못합니다. 태양이 대자연을 위한 공양을 위해 존재하듯이 땅도, 허공도, 물도, 심지어 매일 대하는 공양에 이르기까지 삼라만상 모두가 나를 위해 공양을 올리고 있다는 사실에 고개를 숙이지 않을 수 없습니다.

참고 견디며 살아야 하는 까닭이 바로 여기 있습니다. 참고 견디는 인욕이야말로 더 이상 죄업을 짓지 않고 다른 사람에게까지 행복을 선물할 수 있는 공양의 공덕을 쌓게 합니다. 소납은 동진 출가하여 살아오면서 괴로움의 인연들이 시시각각 찾아올 때마다 응당 내가 받아 넘겨야 할 업보인 줄 알고 즐겁게 참고, 기쁘게 견디며 그 때마다 시방에 공양 올리시는 부처님을 떠올렸습니다.

원근 각지의 포교현장에서 많은 말들을 했습니다. 그 말들은 모두 부처님과 역대 수많은 선지식께서 공양 올리신 금구성언이라 비록 짧은 솜씨이지만 책으로 남겨두고자 하였습니다. 허물마저도 공양 올리려는 소납의 참회로 아시고 늘 편안하시길 빕니다. 감사합니다.

불기 2555년 신묘년 가을
월천 혜총 삼가 올립니다.

차례

그대 삶을
자비로 꽃 피우라

보시를 하면
날마다 행복하다

선업의 씨앗을
심고 가꾸라

마음이 맑으면
국토가 청정하다

공양 올리는
마음

지혜는 행복한
삶의 주춧돌

고통에서 벗어나
대자유를 성취하는 길

견디고 참고 기다리면
운명이 바뀐다

뿌린 대로
거두리라

본 마음으로
돌아가라

운명을 바꾸는
기도

참회는
성불의 첫걸음

1월

그대 삶을
자비로 꽃 피우라

소의 눈에서 눈물이 뚝뚝 떨어졌습니다.
총을 겨누고 있던 재소자도 그 눈물을 보았습니다.
그 눈물은 자신의 죽음을 슬퍼하는 눈물이 아니었습니다.
죽이려는 그에 대한 연민이 가득 찬 눈물이었습니다.

자비심은
모든
수행의 열매

얼마 전 이 시대 혁신의 아이콘이라 불리는 스티브 잡스가 타계하였습니다. 스티브 잡스의 빛나는 아이디어와 지칠 줄 모르는 열정이 불교 수행의 결실이라는 것을 알 만한 사람은 다 알고 있습니다. 이제 서양에서도 불교는 지식인뿐만 아니라 일반인에게도 상당한 영향을 미치고 있습니다. 호주에서 선원을 연 외국인 스님에게 들은 이야기가 매우 감동적입니다.

이 스님은 매월 한 번씩 정기적으로 교도소에 가서 법문을 해 주었습니다. 하루는 법문이 끝나고 재소자와 개인 상담을 했는데, 한 재소자가 육식을 끊고 채식주의자가 된 사연을 이야기하는데 참으로 감명 깊었다고 합니다.

그 교도소 안에는 짐승을 죽이는 날이 있었습니다.

재소자들의 식량으로 쓰기 위해 소, 양, 돼지 등을 키우는데 그 짐승을 잡는 것도 재소자들이 담당한다고 합니다. 그런데 그 백정 역할을 하던 사람이 바로 스님과 상담한 사람입니다. 그는 재소자 중에서도 가장 힘이 세고 악랄하기로 소문이 났었습니다. 그는 짐승을 죽이면 스트레스도 풀리고 기분도 짜릿해서 그 일을 도맡아 했습니다.

짐승은 전자총으로 쏴 죽이는데, 대부분의 짐승들은 죽임을 당하는 통로에 들어오면 자신이 죽을 것을 알고 몸부림을 쳤습니다. 그런데 어느 날 소 한 마리가 그 통로로 들어왔습니다.

그 소는 다른 짐승들하고는 달랐습니다. 느릿느릿한 걸음걸이로 다가온 소는 다른 짐승들처럼 날뛰지도 않았습니다. 전혀 두려워하는 기색도 없이 유유하게 걸어왔습니다. 그리고는 여유롭게 앉아서 편안한 눈으로 총을 든 그를 바라보았습니다.

그렇게 보고 있던 소의 눈에서 눈물이 뚝뚝 떨어졌습니다. 총을 겨누고 있던 재소자도 그 눈물을 보았습니다. 그 눈물은 자신의 죽음을 슬퍼하는 눈물이 아니었습니다. 죽이려는 그에 대한 연민이 가득 찬 눈물이었습니다.

'네가 그렇게 살생을 자꾸 저질러서 되겠느냐?'는 듯이 살생을 즐기는 그에 대해 불쌍하다는 듯한 눈길과 표정이었습니다. 마치 부처님이 우리 중생들을 볼 때 측은지심으로 바라보듯 지긋이 바라보는 소의 눈과 마주치는 순간 그는 방아쇠를 당길 수 없었습니다. 깜짝 놀라 총을 떨어뜨렸습니다. 그 날 이후, 그는 더 이상 짐승을 죽이는 일을 할 수가 없었고 육식도 할 수가 없었다고 합니다.

그 소는 보살이었습니다. 사람만 보살이 아닙니다. 미물곤충이나 짐승 중에도 이렇게 보살행을 닦는 생명이 무수히 많습니다. 이 재소자의 이야기는 마치 부처님의 전생담에 나오는 황금빛 사슴 이야기를 연상하게 합니다.

사슴고기를 좋아하여 늘 사슴사냥을 하는 왕이 있었습니다. 나중에는 사슴을 우리에 가둬놓고 매일 한 마리씩 활을 쏘아 잡았습니다. 이때 사슴들이 화살을 피해 이리저리 뛰어다니느라 서로 부딪쳐 고통을 받기도 하고, 날마다 두려움에 떠는 것을 보고 우두머리였던 황금빛 사슴이 제안하여 순서를 정해 죽기로 했습니다.

그러던 어느 날 새끼를 밴 암사슴 차례가 되자, 황금빛 사슴이 앞장서서 암사슴 대신 죽기를 원합니다. 사실 왕은 황금빛 사슴의 아름다운 털에 매료되어 황금빛 사슴만큼은 죽이지 말라고 신하들에게 명한 상태였습니다. 그런데 황금빛 사슴이 죽기를 자원하고 등장한 것에 당황해하며 물어보았습니다. 왕은 새끼를 밴 암사슴 대신 죽여 달라는 황금빛 사슴의 자비심에 감복해 살생하는 마음을 멈추고 사슴들은 다시 숲으로 돌아갔습니다.

이렇게 자비심은 위대합니다.

자비심은 세상에서 가장 숭고한 마음입니다.

짐승도 가지는 자비심을 사람이 가지지 못할 때 "짐승만도 못하다, 금수 같다."고 합니다. 아무리 높은 깨달음을 얻은 대도인이라 하더라도 자비심이 없다면 거짓 깨달음입니다.

불자의 모든 수행은 자비로 향해 나아갑니다.

이웃을 사랑하고 돕는 것도 자비입니다.

생명을 사랑하고 직접 살리는 방생도 자비입니다.

부모를 공경하고 잘 모시는 것도 자비입니다. 웃어주고 격려함도 자비입니다.

모든 일에 남을 생각해 주는 마음도 자비입니다.

부처님의 자비를 몸소 실천하는 생활을 할 때 자비광명으로 세상이 환하게 밝아질 것입니다.

부처님의 아름다운 자비행

석가모니 부처님 당시에 어떤 비구가 있었습니다. 그는 오래 앓아 더러운 몸으로 정사(精舍)에 누워 있었습니다. 사람들은 모두 병든 비구의 냄새를 꺼려 아예 쳐다보지도 않았습니다. 하지만 부처님께서는 몸소 더운 물로 그의 몸을 씻어 주셨습니다. 그러자 나라의 임금과 백성들이 모두 와서 부처님께 여쭈었습니다.

"부처님은 세상에서 가장 높으신 분이며 삼계에 뛰어나신 분인데 어째서 몸소 이 병든 더러운 비구의 몸을 씻겨주십니까?"

부처님께서 말씀하셨습니다.

"부처가 이 세상에 나타난 까닭은 바로 이런 궁하고 외로운 사람을 위한 것일 뿐이다. 병들어 말라빠진 사문이나 도사, 또 모든 빈궁하고 고독한 노인을 도와 공양하면 그 복이 한량이 없을 것이다. 그 공덕이 차츰 쌓이면 반드시 도를 얻을 것이니라."

- 『법구비유경』 「도장품」

부처님께서 이 세상에 오신 까닭이 바로 궁하고 외로운 사람을 위한 것일 뿐이라고 하셨습니다. 이 말씀은 부처님께서 이 세상에 오신 까닭이 바로 자비의 구현이요, 불교의 궁극적인 목표도 자비의 구현이라는 말씀입니다. 역대 선지식들도 불교의 모든 수행과 증득이 자비로의 회향을 구경처로 삼는다고 하셨습니다. 따라서 불자라면 일상생활 순간순간 자비로써 수행의 스승을 삼아야 합니다.

자비는 어디에서 옵니까? 바로 측은히 여기는 마음으로부터 옵니다. 무엇이 측은합니까? 이 세상만사가 고통이라는 것을 모르니 측은하고, 고통의 원인을 모르고 고통 속에 놓여 있는 존재를 보니 측은합니다. 고통의 원인을 제거하는 길이 있음에도 모르니 측은하고, 그 길을 알고도 닦지 않으니 측은한 것입니다. 이렇게 미혹한 중생계 전체, 고통 받는 존재 전부가 가엾고 측은합니다.

부처님께서 '궁하고 외로운 사람을 위한 것일 뿐'이라는 말씀은 인류 전체를 향한 말씀입니다. "나는 부자이니까 여기에 해당되지 않겠지. 나는 외롭지 않고 행복하니까 괜찮다."는 사람은 크게 잘못 알고 있는 것입니다. 지금 물질적으로 부유하다든가 행복이라는 현상은 영원한 것이 아닙니다. 그런데도 전도망상에 사로잡혀 자신이 측은한 존재임을 모르고 있을 뿐입니다. 꿀물에 취해 살다가 어느 날 고난이 찾아오면 후회하는 인생인 줄 모르고 삽니다.

최소한 우리는 부처님의 아름다운 자비행을 닮아가려는 노력부터 해야 할 것입니다. 나 자신이 남보다 좋은 환경 속에 살아가기 때문에 나보다 못한 사람을 위해 베푸는 것이 자비가 아닙니다. 그들을 통해 나 자신 속에 있는 외로움과 궁함을 몰아내기 위해 자비를 행해야 합니다.

자비는 나 자신이 알게 모르게 앓고 있는
탐욕의 병을 치료해 줍니다.
자비는 나 자신이 알게 모르게 앓고 있는
분노의 병을 치료해 줍니다.
자비는 나 자신이 알게 모르게 앓고 있는
어리석음의 병을 치료해 줍니다.

불교에 대해 아무 것도 모른다고 해도 항상 자비심으로 가슴속을 가득 채우고 만면에 자비의 미소를 꽃피우고 살면 그 사람은 부처님을 가장 잘 모시고 사는 사람입니다. 자비심이 왕 중의 왕입니다.

침을 뱉은 자와
그대가
무엇이 다른가

어느 날 기원정사로 이상한 사내가 찾아와 갑자기 부처님의 얼굴에 침을 뱉었습니다. 부처님의 시종이었던 아난 존자는 깜짝 놀라서 어쩔 줄 몰라 했고, 부처님은 얼굴에 묻은 침을 닦아내며 사내에게 물었습니다.

"친구여, 더 이상 할 일이 남았는가? 이게 전부인가?"

아난 존자는 격노하였습니다. 난데없이 나타나 스승의 얼굴에 침을 뱉은 불량배의 행동을 도저히 참을 수 없어 부처님께 이 사람을 혼내줄 수 있도록 허락해 달라고 청하였습니다. 그러자 부처님께서 말씀하시되, "아난이여, 그대는 구도자이다. 언제 어디서든 이 사실을 잊지 말아야 한다."

그들의 대화를 듣고 있던 그 사내는 당황하였습니다. 아니 이미 자신의 잘못을 깨닫고 스스로 고통과 벌을 받고 있었습니다.

부처님께서 다시 말씀하셨습니다.

"아난이여, 이 사내의 눈을 보라. 핏발이 서있고 부들부들 떨고 있다. 이 사람이 침을 뱉기 전에도 기뻐하고 즐거워하며 보통 사람처럼 있었다고 생각하는가? 아닐 것이다. 그는 밤새도록 한숨도 못 자고, 나를 미워하고 미칠 것 같은 상태에 있었으며 오늘 내 얼굴에 침을 뱉은 것은 그 성난 마음의 결과일 뿐이다. 그러니 오히려 이 가엾은 사람 입장에서 자비심을 가져라. 더 이상 무슨 벌이 필요하겠는가? 나는 그저 얼굴에 남은 침을 닦아내면 그만 아닌가?"

아난 존자가 말했습니다.

"아닙니다, 스승님. 이 사내를 혼내주지 않으면 또 그 같은 행동을 저지를 것입니다."

"아난이여, 잘못을 저지른 것은 이 사람인데 왜 그대 자신이 벌을 받고 있는가? 나는 그대가 지금 부글부글 분노로 끓고 있는 것이 안타깝다. 만일 막지 않는다면 그대 역시 이 사람과 같은 행동을 할 것 아닌가? 그렇다면 이 사내의 행동과 그대의 행동이 무엇이 다르단 말인가?"

부처님의 얼굴에 침을 뱉은 사내는 더욱 당황하였습니다. 자신이 생각했던 것과는 전혀 다른 일이 벌어졌기 때문입니다. 자신이 침을 뱉으면 부처님이 크게 노할 것으로 생각하고 그 같은 일을 벌였는데 엉뚱하게 돌아가자 그는 부끄러움에 어쩔 줄 몰랐고 부처님의 자비심과 너그러움에 크게 감격하였습니다.

그 때 부처님께서 부드러운 음성으로 다시 사내에게 일렀습니다.

"친구여, 집에 가서 편안히 쉬어라. 그대는 매우 피곤해 보이는구나. 침을 뱉은 건 다 잊으라. 그것은 내 몸뚱이에 마치 가벼운 나뭇잎이 하나 스쳐 간 것에 불과한 것이다. 이 몸뚱이도 먼지로 만들어졌으니 머지않아 흙이 되어 사람들이 그 위를 밟고 다니며 그 곳에 똥오줌도 버릴 것 아닌가? 그러니 그대가 한 행위는 결코 대단한 것이 아니다."

사내는 자신도 모르게 눈물을 흘리며 돌아갔다가, 저녁 때 다시 부처님을 찾아와 무릎을 꿇고 엎드려 용서를 빌었습니다. 그러자 부처님께서 다시 말씀하셨다.

"친구여, 내게는 그대를 용서하는 문제가 하나도 남아 있지 않다. 그것은 내가 잘한 일이 아닌데 어떻게 무엇을 용서해 준단 말인가? 친구여, 이 일은 오히려 좋은 일이 되었다. 침을 뱉은 그대의 얼굴이 더욱 침착해지고 편안해 보이니 말이다. 이제 기쁜 마음으로 집에 돌아가라. 그리고 다시는 그런 행동을 하지 마라. 분노는 그대 스스로를 파멸시키고 그대 삶을 지옥으로 만들기 때문이다."

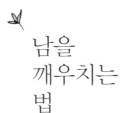

남을
깨우치는
법

사리불이 부처님께 여쭈었습니다.

"부처님 어쩔 수 없이 남의 허물을 말해야 할 때 어떻게 해야 합니까?"

"우선 다섯 가지를 갖추어야 한다. 첫째는 반드시 사실이어야 하고, 둘째는 말할 때를 알아야 하고, 셋째는 이치에 합당해야 하며, 넷째는 부드럽게 말해야 하며, 다섯째는 자비심으로 말해야 한다."

"그러나 진실을 말할 때도 성을 내는 사람이 있습니다. 그 때는 어찌해야 합니까?"

"그에게는 그것이 사실이며 자비로운 마음에서 말한 것임을 깨닫도록 해야 한다."

"만약 어떤 사람이 사실이 아닌 것을 사실인 양 말하면 어떻게 해야 합니까?"

"사리불이여, 만약 어떤 강도가 와서 그대를 묶고 그대에게 해를 입히고자 한다고 하자. 그 때 그대가 강도에게 나쁜 마음으로 욕하고 반항하면 어떻게 되겠느냐? 강도는 더욱 그대를 괴롭힐 것이다. 그러므로 그 때는 나쁜 마음을 일으키지 말고, 나쁜 말을 하지 않는 것이 이익이다. 마찬가지로 누가 사실이 아닌 것을 사실이라고 말하더라도 그에게 나쁜 마음을 일으키지 말라. 원망하기보다는 불쌍한 마음을 일으키라."

"그러나 진실을 말할 때도 화를 내는 사람이 있습니다.

그 때는 어떻게 해야 합니까?"

"만일 그가 아첨을 좋아하고 거짓되며, 속이고 믿지 않으며, 안팎으로 부끄러움을 모르며, 계율을 존중하지 않으며, 열반을 구하지 않고, 먹고 사는 일에만 관심이 많다면 그와는 함께하지 않는 것이 좋으리라."

— 『잡아함경』

아무리 좋은 말이라 해도 듣기 싫어할 때는 소용이 없습니다. 때가 맞아야 합니다. 듣는 사람의 심기(心氣)를 잘 살펴야 합니다. 나에게는 좋게 들리는 말도 이치에 맞지 않을 수 있습니다. 사실이 아니라면 진정성이 없기 때문에 남을 설득시킬 수 없습니다. 그리고 반드시 부드럽게 말하고 자비심으로 말해야 한다는 부처님의 당부 말씀을 잘 새겨두면 좋을 것입니다.

방생
공덕

　　가끔 이 사바세계에서 살아가는 여러 사람들을 보면서 '너무 무감각한 것 아닌가' '목석같다'는 생각을 할 때가 있습니다.

　　뜨거운 태양이 내리쬐는 모래 위에 금방 잡은 물고기를 던져 놓으면 그 물고기는 숨이 조금이라도 남아 있을 때까지 쉬지 않고 파닥거리면서 살려고 발버둥 칠 것입니다. 물고기가 죽을 때의 그 공포와 두려움을 자신이 물고기라 생각하고 한번 눈을 감고 느껴보세요. 바로 나 자신의 문제입니다. 우리가 만약 생전에 게을러서 아무런 공덕도 쌓지 않고, 업장을 참회하지도 않았다면 죽을 때 공포는 죽음을 기다리는 물고기의 고통이나 공포보다 더 했으면 더했지 덜하지는 않을 것입니다.

　　그런데 문제는 이러한 두려운 고통이 그것으로 끝이 아니라 길고 긴 고통의 시작이라는 데 문제의 심각성이 있습니다. 저질러 놓은 전생의 죄업으로 인해 지옥에 끌려가면 쇳물이 끓는 용광로나 닭 튀기듯 끓는 기름에 죽지도 못하고 수없이 빠져야 되고, 냉동된 쇠고기덩이처럼 죽지도 못하고 냉동창고에서 발가벗은 채 덜덜 떨어야 합니다. 횟집에서 살점을 발라내듯이 살점이 떨어져 나가고, 꼬챙이에 찔리는 고통을 당합니다. 이생을 하직할 때의 고통도 크다지만 죽을 때 고통은 지옥고에 비하면 아무것도 아닙니다.

왜 이렇게 끔찍한 이야기를 하는지 알아야 합니다. 자신의 처지를 알고, 인과를 온몸으로 인식하면 어떻게 함부로 살겠으며, 정진하지 않고 게으름에 빠지겠느냐 이 말입니다.

스님들은 이 도리를 잘 알기 때문에 만나는 사람마다 "공덕을 지어라. 참회해라. 계율을 지켜라. 선업을 닦으세요."라고 하면서 손이 발이 되도록 당부를 하는데, 들을 때는 고개를 끄덕이다가도 돌아서면 다 잊고 사니 어찌 이 스님이 답답하지 않겠습니까? 우리가 깨달았다고 할 때 뭐 대단한 경지를 깨닫는 게 아닙니다. 자기가 놓인 처지를 확연히 알면 그게 깨닫는 것입니다. 그렇게 깨닫는 것이 바로 정견이고, 지견입니다. 깨닫고 나면 행동도, 말도, 생각도 함부로 할 수가 없습니다.

이렇게 깨닫고 나면 애지중지하는 내 몸만 내 몸이 아니라 남도 내 몸처럼 여기게 됩니다. 그 때 진정한 자비심이 우러나오게 됩니다. 불자에게 자비심은 깨달음의 증거요, 목표입니다. 자비심을 닦는 수행이 바로 방생입니다. 물고기를 놓아주는 방생을 한다고 색다른 눈으로 보는 사람들도 있지만 이 방생만큼 사람들에게 자신의 업장을 바로 관하게 하고, 소멸시키는 수행도 없습니다.

『도구경』에 나오는 이야기가 있습니다. 부처님 당시에 한 사미가 화주를 나섰는데 도살자가 강아지 한 마리를 죽이려고 준비하는 것을 보았습니다. 사미는 강아지가 두려워하며 도움을 구하는 참상을 보고 대비심이 일어나서 바로 도살자에게 강아지를 죽이지 말라고 부탁하였습니다. 그러나 도살자는 무슨 소리를 하느냐고 화를 내며 강아지를 죽였습니다. 사미는 어찌 할 방법이 없어 할 수 없이 강아지를 위하여 경을 외우며 회향하였습니다.

회향한 공덕에 의지하여 강아지는 죽은 뒤 바로 시주 신도 집안의 남자 아이로 태어났습니다. 남자 아이는 자라서 어느 날 탁발하는 그 사미를 만났는데, 바로 전생의 모습이 기억나고 전생의 은인임을 알아보았습니다. 남자 아이는 감격하여 사미 앞에서 삼보에 귀의하고 나중에 불퇴보리의 과위를 증득하였습니다.

불자들은 어딜 가든지 누군가 생명을 해치려고 하면 말리고, 어쩔 수 없다면 불보살님의 명호나 광명진언과 같은 주문을 외워 부처님의 가피를 입도록 해 주어야 할 것입니다. 그렇게 하는 것이 불자의 도리이며, 사람의 도리이고, 자신의 공덕을 쌓는 길입니다.

자비도
연습해야 한다

부처님께서 한 사원을 방문하셨을 때, 마침 그 사원에는 몹쓸 병에 걸려 앓아 누워 있는 띳사라는 비구가 있었습니다. 띳사 비구의 피부에 처음에는 작은 종기들이 생겨났는데, 제대로 치료를 하지 않은 탓에 종기들이 점점 커져서 온 몸이 종기로 뒤덮이게 되었습니다.

그러나 저마다 자기의 수행에만 열중하고 있었던 동료 비구들은 누구 하나 띳사 비구를 보살펴 주지 않았기에 부처님이 직접 그 병든 비구의 침상으로 가셨습니다. 그러자 그 광경을 지켜보던 비구들은 그제서야 자신들의 잘못을 깨닫게 되었습니다.

부처님께서는 비구들과 같이 병든 비구를 깨끗하게 목욕시키고, 땀과 오물에 찌든 그의 황색 가사를 빨아 말린 다음, 깨끗한 가사로 갈아 입혔습니다. 모처럼 기분이 상쾌해진 띳사 비구는 편안한 마음으로 침대에 누워 부처님께 설법을 청했습니다.

부처님께서 설법을 하시는 동안 띳사 비구는 침착한 마음으로 법을 들었고, 설법이 미처 끝나기도 전에 완전한 깨달음인 아라한의 경지에 이르렀으며, 곧 이어 숨을 거두었습니다.

띳사 비구의 장례식이 끝나고 나자, 부처님께서는 그 사원의 비구들을 모아 놓고 그 병든 비구의 시중을 소홀히 한 행위를 꾸짖으셨습니다. 그리고 앞으로는 누구라도 아픈 사람이 생기면, 그 사람이 완치될 때까지 다른 비구들이 정성스럽게 간호를 해 주라고 타이르셨습니다.

설법을 마치신 부처님께서는 게송을 하나 읊으셨습니다.

"누구든지 병들고 괴로움을 당한 사람을 만나면
잘 간호해 주어야 한다.
마치 나를 보살피듯이!"

불자들이 불교를 알고 나서 가장 많이 듣는 말이 자비인데, 그 이유는 자비가 수행에 있어서 가장 중요한 덕목이기 때문입니다. 자비도 어린아이가 어른이 되기 위해 여러 가지를 배우듯이 몸에 익혀 나가야 합니다. 부처님처럼 언제 어디서나 딱 들리면 한 생각이 일어나기 전에 바로 응할 수 있도록 평소에 연습을 많이 해야 합니다. 중생들은 숙업이 쌓여서 자비 실천이 어렵기 때문에 그때마다 '내가 업장이 두텁구나.' 하고 자신을 관찰하면서 자비를 실천해야 합니다.

원효 스님의
자비공덕행

신라시대 당시 원효 스님은 중국에서 '해동의 석가'라 불릴 만큼 덕이 높은 스님이었지만 요석 공주와 인연을 맺은 이후 스스로 '소성 거사'라 칭하고 걸식하며 무애행을 하였습니다. 원효 스님은 만행을 하면서 절에서 미처 보지 못하였던 중생의 고통을 직접 체험하였는데 전염병이 도는 마을에 들어가 죽음과 마주하면서 중생의 아픔을 치유하는 과정을 겪게 됩니다.

스님은 그렇게 민중 속에서 온몸으로 부처님의 가르침을 체득한 후 한 철 겨울을 나고자 가까운 절을 찾아갑니다. 스님은 거렁뱅이 형상을 한 자신을 알아보지 못하는 대중에게 공양주를 자청하여 겨우내 대중을 위해 공양을 짓고, 나무를 해서 불을 때는 불목하니를 하였습니다.

마침 그 절 독성각에는 '방울 스님'이라는 노장스님이 계셨는데 대안 대사와 같이 당나라에 가서 공부를 하고 돌아온 당대의 고승이었습니다. 가끔 후원에 들러 밥 짓는 원효 스님에게 누룽지를 얻어가곤 하였는데 원효 스님을 한눈에 알아보고도 모르는 체하면서 원효 스님에게 자신의 법을 전하여 주셨습니다.

어느 날 방울 스님은 웃으며 "내가 우스갯소리를 하나 하리다." 하면서 원효 스님에게 말씀하셨습니다.

"큰방을 지나오는데 대중 학인들이 모여 대사가 지으신 『대승기신론소』를 공부하면서 대사에 대한 이야기가 분분하더군. 학인들은 자신들이 대사가 지어 드리는 공양을 먹는 줄은 꿈에도 모르고 있으니 참으로 재미있는 일 아닌가."

원효 스님 역시 큰방에서 나눈다는 학인들의 말이 궁금하여 문 밖에서 들어보니 한 학인은 '원효 스님은 보살의 후신'이라 하고, 또 다른 학인은 '무애행을 하며 거지행색을 하고 다닌다'고 하고, 또 어떤 스님은 '파계를 하고 사라졌다'고 하면서 매일 보는 원효 스님을 알아보지 못하고 온갖 소문이 무성하였습니다.

어느덧, 겨울이 가고 봄이 오자 원효 스님은 방울 스님의 자비로운 가르침 속에서 더욱 밝아진 혜안으로 다시 만행의 길을 떠나고자 방울 스님께 작별을 고하였습니다. 그러자 방울 스님은 아무 말 없이 원효 스님을 보내려다가 문득 말씀하셨습니다.

"원효 대사! 잠시 기다리시오. 내가 무엇을 드리려다가 깜빡하였소."라고 하였습니다. 이 소리에 대중들은 화들짝 놀랐습니다. 겨우내 자신들에게 정성스럽게 공양을 지어올리고 온갖 궂은 일을 도맡아 해온 분이 당대 최고의 고승인 원효 대사였으니 그 사실을 안 대중들은 쥐구멍이라도 찾고 싶은 심정이었을 것입니다.

　우리는 눈앞의 형상만을 쫓기에 겨우내 곁에서 나무를 해서 불을 때 주고, 공양을 지어준 원효 스님을 보지 못하는 것입니다. 천지만물을 모두 나의 스승이요, 부모로 볼 때 지혜가 생기고, 자비가 우러나오게 됩니다. 나를 보는 사람은 법을 보아야 한다는 부처님의 말씀을 잘 새겨야 하겠습니다.

지옥행,
극락행
아는 법

　　옛날 어떤 스님이 탁발을 나갔다가 날이 저물어 어느 신도 댁에서 하룻밤 신세를 지게 됐습니다. 아침에 일어나 세수를 하는데 주인과 하인이 이상한 대화를 주고받았습니다.

　　"마당쇠야, 엊그제 윗마을 박첨지가 죽었다는데 지옥에 갔는지 극락에 갔는지 알아봤느냐?"

　　"예, 알아보니 박첨지는 죽어서 지옥에 갔습니다."

　　"그러냐? 아랫마을 김첨지도 죽었다는데 어떻게 됐는지 알아보고 오너라."

　　마당쇠가 다녀오더니 주인에게 고했습니다.

　　"김첨지 댁에 다녀왔는데, 그 어른은 극락에 갔습니다."

　　"음, 그렇구나. 그것 참 잘 된 일이다."

　　두 사람의 맹랑한 대화를 들은 스님이 아침상을 받는 자리에서 주인에게 물었습니다.

"죽은 사람이 지옥에 갈지, 극락에 갈지는 오래 동안 수행을 한 저도 모르는 일입니다. 거사님 댁 하인이 어떻게 그걸 알 수 있는지요?"

주인은 이렇게 대답했습니다.

"그야 간단하게 아는 법이 있지요. 어떤 사람이 죽었는데 동네 사람들이 '아무개는 나쁜 일만 하고 남을 못 살게 굴었으니 잘 됐다'고 시원해 한다면 그는 지옥밖에 갈 데가 없을 겁니다. 반대로 '아무개는 남을 잘 도와주고 아주 착한 사람인데 죽어서 아깝다'고 하면 그는 반드시 극락에 갔을 것입니다."

착한 사람은 극락에 가고 악한 사람은 지옥에 간다는 말들을 합니다. 이 말은 우리가 어릴 때부터 오늘날까지 늘상 들어온 진리의 말인데 이런 쉬운 법문을 해 주면 어리석은 사람들은 누가 그걸 모르냐고 비웃는 사람이 있습니다. 이 속에는 부처님께서 말씀하신 팔만사천법문이 모두 녹아들어 있습니다.

부처님도 그와 같이 제자들에게 지옥 가기가 얼마나 쉽고 극락 가기가 얼마나 쉬운지에 대해 이렇게 말씀하셨습니다.

"나는 어떤 사람이 지옥에 떨어질 지 미리 안다.

그가 마음속으로 어떤 생각을 하는지를 관찰해 보면, 마치 팔을 굽혔다가 펴는 것처럼 쉽게 지옥에 떨어진다는 것을 알 수 있다. 그가 지옥에 떨어지는 것은 이유가 있다. 마음속으로 나쁜 생각을 하기 때문이다.

그러므로 만일 어떤 사람이 지금 화를 낸다면 그에게 말하리라. '만약 지금 그대가 목숨을 마친다면 바로 지옥에 떨어질 것이다'라고. 왜냐하면 마음으로 악한 행을 했기 때문이다.

또한 나는 어떤 사람이 극락에 갈 지 미리 안다. 그가 마음속으로 어떤 생각을 하는지를 관찰해 보면, 마치 팔을 굽혔다가 펴는 것처럼 쉽게 극락에 태어난다는 것을 알 수 있다. 그가 극락에 태어나는 것은 이유가 있다. 마음속으로 착한 생각을 하기 때문이다.

그러므로 만일 어떤 사람이 지금 착한 일을 한다면 그에게 말하리라. '만약 지금 그대가 목숨을 마친다면 바로 극락에 태어날 것이다'라고. 왜냐하면 마음으로 착한 행을 했기 때문이다.

수행자들이여, 그대들은 항상 마음을 항복받아 나쁜 생각을 하지 말고 착한 생각을 하라. 깨끗한 생각을 내고 더러운 행을 하지 말라. 그대들은 반드시 이렇게 공부를 해나가야 한다."

- 『증일아함경』

과거 모든 부처님이 간곡하게 이르신 법문이 착하게 살라는 것인 줄 명심해야 하겠습니다.

2월

보시를 하면
날마다 행복하다

남을 위해 염불하고 기도하는 것도 베푸는 일입니다.
염불 보시는 이루 말할 수 없는 공덕이 됩니다.
부처님의 도를 따라 베푸는 즐거움을 만들며 살아갑시다.
언제나 좋은 나날이 열립니다. 날마다 행복합니다.

복 없음을
두려워하라

"새해 복 많이 받으세요."

새해 인사로 나누는 가장 즐겨 쓰는 덕담이 복 많이 받으라는 것입니다. 그렇듯 누구나 복 받기를 원합니다. 복을 싫어하는 사람은 없습니다. 사람들이 누리고자 하는 복을 살펴보면 오욕락(五慾之樂), 크게 다섯 가지로 나눌 수 있습니다.

첫째 재물이 풍족해서 잘 사는 것(財), 둘째 마음에 드는 이성을 사랑하는 것(色), 셋째 맛있는 음식을 먹고 즐기는 것(食), 넷째 이름을 사방에 드날리는 명예(名), 다섯째 자고 싶을 때 잠자는 것(睡) 등입니다.

그런데 이 복락이 모든 사람에게 다 오지 않으니 문제입니다. 그래서 복을 달라고 신에게 매달리고 부처님께 기도드립니다. 하지만 부처님께서는 복을 달라고 하지 말고 지으라고 가르치십니다. 복은 복 받을 준비가 된 사람이 받을 수 있는 것이지 아무나 받을 수 있는 것이 아닙니다. 농부가 밭을 가는 것처럼 복은 자기가 짓고 자기가 거두는 것입니다.

부처님께서 사위국 기원정사에 계실 때의 일입니다.

어느 날 부처님께서는 제자들에게 복 짓기를 권하며 이렇게 말씀하셨습니다.

"그대들은 복 받는 과보를 두려워하지 말라. 왜냐하면 그것은 그대들이 오늘의 복된 즐거움을 누리는 원인을 만들었기 때문이니, 그것은 매우 사랑하고 좋아할 만한 것이니라. 그것을 복이라고 하는 것은 반드시 좋은 과보가 있기 때문이니라.

그대들은 복이 없음을 두려워해야 한다. 왜냐하면 괴로움의 근본으로서 근심과 괴로움은 이루 다 말할 수 없으며 즐거움이 없기 때문이니 이것을 복이 없는 것이라 하느니라. 그러므로 수행자들이여, 그대들은 복이 없음을 두려워하라.

수행자들이여, 나는 기억한다. 나는 과거에 7겁이 지나도록 이 세상에 오지 않았다. 또 7겁 동안은 광음천(光音天)에 태어났고, 7겁 동안은 공범천(空梵天)에 태어나서 대범천(大梵天)이 되어 짝할 이가 없이 대천세계를 통솔하였다. 또 36번이나 제석천(帝釋天)이 되었고, 수없는 세상에서 전륜성왕이 되었다.

또한 금생에 이르러서는 보리수 아래에서 수행했는데, 그 때 마왕 파순이 수천만 억의 군사를 거느리고 나를 방해했다. 그러나 나는 복덕의 큰 힘으로 마군의 항복을 받아냈다.

그리고 모든 번뇌의 때가 사라져 더러움이 없어졌으며 위없이 바르고 참된 도를 이루었다. 그러므로 수행자들이여, 그대들은 '복 짓기(作福)'를 게을리 하지 말라. 복이 있으면 즐겁고 복이 없으면 괴롭나니 금생과 내생에 즐겁고자 하면 복을 지어야 하리라."

— 『증일아함경』

부처님께서도 수없이 많은 복을 지었기 때문에 마군을 항복받고 위없는 도를 이루었다고 하셨습니다. 복을 받으려면 먼저 복이 없음을 두려워할 줄 알아야 합니다. '복이 없으니 이렇게 괴롭구나. 복을 지어야지.' 하는 마음이 먼저 앞서야 합니다. 복이 없음에 대한 두려운 마음이 생겨야 복을 짓는 것입니다.

나는
이중인격자가
아닌가

젊었을 때 신도들과 함께 부산의 모 지체장애아 시설에 봉사를 간 적이 있었습니다.

마침 공양 시간이 되어 장애아들과 공양을 나누게 되었습니다. 그런데 소납은 차마 밥을 넘길 수가 없었습니다. 침을 질질 흘리고 한 술의 밥을 입에 가져가기 위해 거의 70%를 흘리면서 일그러진 얼굴을 하고 있는 그들과 또 한편에서는 변을 보는데 손이 엉덩이까지 돌아가지 않아 변을 온몸에 칠하고 있는 원아들을 앞에 두고 욕지기가 나서 도저히 공양을 할 수 없었습니다.

그 짧은 순간에 소납은 심한 자괴감 속에서 나를 돌아보았습니다.

마음속 깊이 참회의 소리를 들었습니다.

'나는 과연 어떤 존재인가?'

'내가 온몸이 뒤틀리는 자식을 둔 어버이였다면 저런 모습 때문에 역겨움을 느끼겠는가?'

'나 자신이 저런 고통 받는 존재로 태어났다면 어떤 마음일까?'

'부처님께서는 또한 저들을 어떻게 바라보셨을까?'

'입으로는 수행자라 하는 내가, 신도들에게 착한 일을 하라고 교화한답시고 떠들어대는 내가 실은 이중인격자가 아닌가?'

'이것은 진정한 사랑이 아니다.'

소납은 돌아와서도 내내 그 순간을 잊을 수가 없었고, 참회하면서 다시 한 번 인간 존재에 대해 객관적으로 바라보는 계기를 맞았습니다.

진정한 사랑을 나누려면 상대방과 일체, 한 몸, 동체(同體)가 되어야 한다는 것을 깨달았습니다.

이 땅의 수많은 봉사자 여러분께 경배를 올립니다.

여러분이야말로 진정한 보살입니다. 여러분들이 계시기에 이 사회가 지탱하고 있음을 압니다. 세계일화를 이루는 화신이 되어주십시오. 그래서 세상이 점점 광명 찾기를 축원합니다.

진묵 대사의
박복한 조카 이야기

　　　소석가(小釋迦)로 불리며 석가모니 부처님의
화신으로 추앙받았던 조선시대 고승 진묵 대사(震黙大師: 1562~1633)에
게는 누이동생이 하나 있었습니다. 그런데 누이동생의 외동아들
이 속된말로 ×구멍이 찢어지도록 가난하게 살고 있었습니다. 진
묵 스님은 조카가 가난을 면하기 위해서는 복을 쌓아야 한다고
생각하셨습니다. 그래서 7월 칠석날이 되자 조카가 칠성님들께
공양 올리는 복덕을 짓게 하고자 조카 내외를 찾아가 단단히 일
러주었습니다.

　　　"애들아, 오늘밤 자정까지 일곱 개의 밥상을 차리도록 해라.
내 특별히 칠성님들을 모셔다가 복을 지을 수 있도록 해 주마."

　　　진묵 스님이 신통력을 지닌 대 도인임을 아는 조카는 '삼촌이
잘 살게 해 주리라' 믿고 열심히 손님을 맞이할 준비를 했습니다.
집안을 깨끗이 청소하고 맛있는 음식을 푸짐하게 장만하여 마당

에다 자리를 펴고 일곱 개의 밥상을 차렸습니다.

　밤 12시가 되자 진묵 스님이 일곱 분의 손님을 모시고 집안으로 들어오는데, 하나같이 거룩한 모습의 칠성님이 아니었습니다. 한 분은 째보요, 한 분은 곰보, 절름발이요, 곰배팔이요, 장님이요, 귀머거리였습니다. 거기에다 하나같이 눈가에는 눈곱이 잔뜩 붙어 있고 콧물이 줄줄 흐르고 있었습니다.

　'삼촌도 참, 어디서 저런 거지발싸개 같은 영감들만 데리고 왔노? 쳇, 덕 보기는 다 틀렸네.'

　조카 내외는 기분이 크게 상하여 손님들에게 인사도 하지 않고 부엌으로 들어가, 일부러 솥뚜껑을 쾅쾅 여닫고 바가지를 서로 부딪고 깨면서 소란을 피웠습니다. 그러자 진묵 스님의 권유로 밥상 앞에 앉았던 칠성님들이 하나, 둘 차례로 일어나 떠나가기 시작했습니다. 마침내 마지막 칠성님까지 일어서려 하는데 진묵 스님이 다가가 붙잡고 통사정을 하였습니다.

　"철없고 박복한 조카이니 저를 봐서 한 숟갈이라도 드십시오."

　일곱 번째 칠성은 진묵 스님의 체면을 보아 밥 한 술을 뜨고, 국 한 숟갈을 먹고, 반찬 한 젓가락을 집어 드신 다음 떠나갔습니다. 칠성님들이 다 떠나신 다음 진묵 스님은 조카를 불러 호통을 쳤습니다.

　"에잇, 이 시원찮은 놈! 너는 하는 짓마다 어찌 그 모양이냐? 내가 너희를 위해 칠성님들을 청하였는데, 손님들 앞에서 그런

패악을 부려 다 그냥 가시도록 만들어? 도무지 복 지을 인연조차 없다니 한심하구나."

그리고 돌아서서 집을 나오다가 마지막 한 마디를 더 던졌습니다.

"그래도 마지막 목성대군이 세 숟갈을 잡수셨기 때문에 앞으로 3년은 잘 살 수 있을게다."

이튿날 조카는 장에 나갔다가 돼지 한 마리를 헐값에 사 왔는데, 이 돼지가 며칠 지나지 않아 새끼를 열두 마리나 낳았고, 몇 달이 지나자 집안에는 돼지가 가득하게 되었습니다. 또 돼지들을 팔아 암소를 샀는데, 그 소가 송아지 두 마리를 한꺼번에 낳았습니다.

이렇게 하여 진묵 스님의 조카는 3년 동안 아주 부유하게 잘 살았습니다.

그런데 만 3년째 되는 날 돼지우리에서 불이 나더니, 불이 소 외양간으로 옮겨 붙고 다시 안채로 옮겨 붙어, 모든 재산이 사라지고 말았습니다. 3년의 복이 다하자 다시 박복하기 그지없는 거지 신세로 전락했다는 이야기가 전해 오고 있습니다.

위와 같이 복은 지은 대로 받는 것입니다. 설령 이 도리를 들어서 알고 있다고 해도 전생부터 몸에 밴 업장 때문에 일을 당하면 지은 대로 받는 줄을 잊어버린 채 또 박복한 업을 짓게 됩니다. 복을 지어야 복을 받고 더 상승된 경지로 나아갈 것인데 자꾸 박복한 짓만 되풀이합니다.

그렇기 때문에 절에 오면 "업장 소멸하라! 업장 소멸하라!" 하고 누누이 강조하는 것입니다. 업장을 소멸하지 않으면 바른 견해가 열리지 않기 때문에 수행도 잘 되지 않을뿐더러 복도 지을 수 없다는 것을 마음에 새겨야 합니다.

가진 것이 없어도
베풀 수 있다(無財七施)

가진 것이 없어도 베풀 수 있는 일곱 가지 보시인 무재칠시(無財七施)는 『잡보장경』에 나오는 말입니다.

어떤 사람이 부처님을 찾아가 호소하였습니다.

"부처님, 저는 하는 일마다 제대로 되는 일이 없으니 이 무슨 까닭입니까?"

"그것은 네가 남에게 베풀지 않았기 때문이다."

"저는 아무것도 가진 것이 없는 빈털터리입니다. 줄 것이 있어야 주지 제가 무엇을 줄 수 있단 말씀이십니까?"

"그렇지 않다. 아무 재산이 없더라도 남에게 줄 수 있는 일곱 가지가 있다.

첫째, 화안시(和顔施), 부드럽고 정다운 얼굴로 베푸는 것이다. 둘째, 언사시(言辭施), 말로써도 얼마든지 베풀 수 있으니 사랑의 말,

칭찬의 말, 위로의 말, 격려의 말, 양보의 말, 부드러운 말 등 좋은 말씨로 베푸는 것이다. 셋째, 심시(心施), 착하고 어진 마음으로 자신의 마음의 문을 활짝 열고 따뜻한 마음을 베푸는 것이다. 넷째, 안시(眼施), 부드럽고 편안한 눈빛으로 사람을 보는 것처럼 좋은 눈빛으로 베푸는 것이다. 다섯째, 신시(身施), 몸으로 남을 돕는 것이다. 여섯째, 상좌시(牀座施), 다른 사람에게 자리를 내 주어 배려해 주는 것이다. 일곱째, 방사시(房舍施), 손님이 쉴 수 있도록 방을 내 주는 것이다."

남편에게, 아내에게, 부모, 자식에게, 직장동료에게 부드럽게 웃는 얼굴을 베풀면 하루가 극락이고, 하루가 극락이면 이틀, 사흘이 극락이 됩니다. 부드럽고 정다운 얼굴을 베푸는 화안시(和顔施)가 몸에 배면 날마다 극락에서 살아갈 수 있습니다.

말은 양날의 칼과 같습니다. 말을 잘 쓰면 천 냥 빚도 갚는다고 하지 않습니까? 말씨는 또한 사람의 품위를 나타냅니다. '품(品)'자는 '입 구(口)'자가 세 개 모인 것입니다. 사람의 품위도 입에서 나온다는 말입니다. 말로 베푸는 언사시(言辭施)입니다.

어질고 착한 마음을 가지면 자석에 이끌리듯 누구나 나와 친하고자 합니다. 늘 이렇게 편안한 평정심을 잃지 않는 것이 중요합니다. 그런 마음씨가 다른 사람의 마음도 편하게 하고 사람 사이에 신뢰감을 줍니다. 심시(心施)입니다.

어른을 대할 때, 자녀를 대할 때, 아내와 남편을 대할 때, 그리고 상사와 동료를 대할 때, 또 아랫사람을 대할 때 좋은 눈빛을 비추면 비추는 곳마다 평화롭습니다. 편안해집니다. 그 눈빛이 불보살님의 눈빛입니다. 안시(眼施)입니다.

남의 무거운 짐을 들어 주거나 남의 일을 즐거운 마음으로 도우면 도울수록 힘이 솟아납니다. 이 땅에는 몸이 불편한 노인을 부축해 주고, 복지관에서 목욕을 시켜주는 보살들이 많습니다. 오늘날 자원봉사가 바로 신시(身施)입니다.

원수 같은 사람일지라도 그를 내치지 말고, 오히려 앉을 자리를 마련해 주면 어느 날 좋은 인연이 되어 돌아옵니다. 상좌시(牀座施)입니다.

사람들에게 쉴 만한 공간을 내어주면 세상에 나의 자리가 점점 더 커지게 됩니다. 방사시(房舍施)입니다.

무재칠시는 돈 없이도 베풀 수 있는 일곱 가지 보시입니다. 여기다 하나 더 보탠다면 염불시(念佛施)입니다. 남을 위해 염불하고 기도하는 것도 베푸는 일입니다. 염불 보시는 이루 말할 수 없는 공덕이 됩니다. 부처님의 도를 따라 베푸는 즐거움을 만들며 살아갑시다. 언제나 좋은 나날이 열립니다.

걸림 없고
집착 않는
보시 공덕

　　부처님께서 천이백오십 명의 많은 비구들과 함께 사위성의 기원정사에 계실 때 장로 수보리가 부처님께 마음 닦는 선남자, 선여인은 어떻게 행동해야 하며, 마음은 어떻게 가져야 하는지 여쭈었습니다.

　　부처님께서 말씀하셨습니다.

　　"착하다, 수보리야. 잘 들어라. 보살이 깨달으려는 마음을 낸 다음에는 이 세상에 있는 모든 중생들, 즉 알에서 난 것, 태에서 난 것, 습기에서 난 것, 저절로 화생한 것, 형체가 있거나 없는 것, 생각이 있거나 없는 것, 생각이 있지도 않고 없지도 않는 것 등 모든 중생들을 열반에 들도록 제도해야 하느니라.

　　그러나 이렇듯 한량없는 중생을 제도했다 할지라도 사실은 한 중생도 제도한 이가 없는 것이 된다. 왜냐하면, 보살에게 나라든가 남이라든가 중생이라든가 목숨이라는 생각이 있으면 그는 벌써 보살이 아니기 때문이니라.

보살은 또 무엇에 집착하여 보시해서는 안 된다. 즉 형상에 집착함이 없이 보시해야 하며, 소리나 냄새나 맛이나 감촉이나 생각의 대상에 집착함이 없이 보시해야 한다. 보살은 이와 같이 보시하되 아무런 생각의 자취도 없이 해야 한다. 왜냐하면, 보살이 어디에도 집착함이 없이 보시하면 그 공덕은 생각으로 헤아릴 수 없는 것이기 때문이니라.

수보리야, 너는 어떻게 생각하느냐. 동쪽 허공의 크기를 헤아릴 수 있겠느냐?" "헤아릴 수 없습니다."

"남쪽과 서쪽과 북쪽과 위아래에 있는 허공을 헤아릴 수 있겠느냐?" "헤아릴 수 없습니다."

"수보리야, 그와 같다. 보살이 어디에 집착하지 않고 보시한 공덕도 그와 같아서 헤아릴 수 없는 것이다. 보살은 마땅히 위에 말한 바와 같이 행동해야 할 것이니라."   -『금강경』

부처님께서는 어디에도 걸리지 않는 마음, 집착하지 않는 마음을 가지라고 말씀하셨습니다. 우리 중생들은 매일매일 자기를 내세우려고 합니다. 상(相)을 내고, 또 그 상에 끌려서 집착합니다. 집착하면 할수록 마음의 갈등이 커집니다. 내가 만들었으되 나의 것이 아니라는 무소유의 마음이 진정한 보살의 마음입니다.

마음이 가난하면
만족을 모른다

　　세상에는 가난해서 절망하는 사람이 많습니다. 재물이 빈궁하면 참기 어려운 2차적인 고통을 만듭니다. 그 빈궁의 과보가 자기만의 업보에서 그치지 않고 더 큰 업보를 부르게 됩니다. 사회적인 질서를 벗어나 각종 범죄를 만듭니다. 사기를 치고 도둑질을 하고 심지어 폭력이나 살인을 통해 가난을 극복하려고 합니다. 그렇기 때문에 사회적인 가난은 함께 극복해 나가야 합니다. 공업(共業)중생이라는 말이 그런 뜻에 어울리는 말입니다. 그런데 부처님은 만족을 알지 못하는 마음의 빈궁이야말로 가장 빈궁하다고 설한 적이 있습니다.

　　석가모니 부처님 당시에 디빠라는 이름의 걸인이 있었습니다. 디빠는 어느 날 우연히 하나의 보물을 찾았습니다. 그는 이 여의보주를 정성껏 부처님께 공양했습니다.

그 때에 부처님께서 말씀하시기를 "제자들이여! 장차 이 보물을 세상에서 가장 가난하고 고통스런 사람에게 보시하려고 한다." 하셨습니다. 이때 수많은 가난한 사람들마다 부처님께서 여의보를 자기에게 주시려고 한다고 생각했습니다.

그런데 부처님께서 그들에게 말씀하시기를, "너희들은 최고로 빈궁한 사람이 아니다. 가장 빈궁해서 고통스러운 자는 승광왕이다. 이 여의보를 그에게 주려고 한다."라고 하셨습니다.

사람들은 이상한 생각이 들었습니다. '나라의 왕이라면 원하는 것은 모두 가지고 아무 고통 없이 편하게 살고 있을 터인데 왜 부처님은 왕에게 보물을 주시려고 하는 것일까.'

부처님께서 말씀하셨습니다.

"승광왕과 같은 사람은 마음이 빈궁해서 만족을 알지 못하는 사람이다. 그와 같은 사람들은 항상 내심이 빈궁해서 고통스럽고 근심스럽다. 그들에게 항상 만족할 줄 알고 소욕지족(小欲知足)하는 여의보를 줘서 안락하기를 원하느니라."

이 시대를 오탁악세의 말법시대라고 합니다. 말법시대에는 대다수 사람들이 정신을 의탁할 곳이 없습니다. 사람들의 마음은 황폐해져서 행복의 기준이 뭔지 몰라 방황합니다. 지금 잠깐의 물질적인 편안함에 길들여져 행복한 것 같지만 향락의 추구는 허망함만 안겨주고 결국 파멸합니다. 마약, 자살, 우울증, 정신병 등에 빠진 현대인들의 모습에서 우리가 추구하고 있는 행복이 얼마나 헛된 망상인지 알 수 있습니다.

이럴 때일수록 부처님의 말씀에 의지해 바르게 걸어가야 합니다. 절에 와서 인생을 어떻게 살아야 하는지 생각도 해 보고, 도반들과 의견도 나누어보면서 길을 찾아야 합니다.

우리는 대승이라는 큰 배를 타고 가야 합니다. 생각도 대승, 행동도 대승적으로 행해야 합니다. 세상을 바라보는 식견도 대승적으로 봐야 합니다. 과욕을 절제하고, 만족할 줄 알고, 모든 중생이 나의 부모라는 큰 생각으로 이웃도 바라보면서 서로 베풀며 살아가야 합니다.

한 되의 쌀을
공양 올린
공덕

1960년대는 온 나라가 다 어려울 때였습니다. 그 당시 소납이 살던 부산 감로사도 여느 절처럼 참 어려웠습니다. 대중이 먹을 양식이 없어서 절 아래 큰 신발공장에서 곰팡이 핀 누룽지를 얻어 와서 그걸 박박 씻어서 다시 끓여 먹기도 했습니다. 요즘 사람들에게 이런 말을 하면 꾸민 말이라고 믿을 성싶지 않습니다. 요즘에는 세상이 살기 좋아져서 쌀 한 홉이나, 한 되의 소중함을 잘 모르고 살지만 그 당시는 경조사에 쌀을 서로 나누기도 했고, 절에 올리는 시주물도 쌀이 많았습니다.

요즘은 절에서 미리 공양미를 담아서 불전에 공양을 올리도록 배려를 하고 있습니다만, 예전에는 집에서 직접 쌀을 담아 와서 공양을 올렸습니다. 옛날 어머니들은 양식으로 쌀을 한 말 들여놓을 때면 쌀 푸대를 풀어 불전공양미로 맨 위의 쌀을 적당하게 덜어내서 상 위에 붓고 돌이나 티끌이 없는지 한 톨 한 톨 살펴본 후 공양미를 준비하였습니다.

"소시수대공덕(小施受大功德)"이라는 말이 있습니다. 작은 보시를 베풀어 큰 공덕을 받는다는 뜻입니다. 『아함경』에 보면 부처님께서 어머니인 마야부인에 대한 전생인연을 말씀하신 부분이 있습니다.

마야부인이 살던 카필라 궁전은 사방으로 백 보를 걸어갈 수 있는 곳에 전부 금은과 유리가 깔려 있었습니다. 바닥이 온통 금빛과 은빛으로 찬란했고, 칠보로 장식돼 휘황찬란했습니다. 거기에다 산해진미의 음식을 비롯해 어느 것 하나 부족함이 없었습니다.

부처님의 사촌형제인 아난 존자는 마야부인에게는 조카가 됩니다. 아난 존자가 부처님께 여쭈었습니다.

"숙모께서는 어떻게 그토록 찬란한 복을 받게 됐습니까?"

그러자 부처님께서 말씀하시기를, 전생에 가난한 집의 딸로 태어났는데 길가의 돌부처님께 쌀 한 되를 올린 공덕으로 왕비가 되고 그렇듯 큰 복을 받게 된 것이라고 하셨습니다. 그리고 앞으로도 5백 생은 전륜왕위를 지어 전륜왕이 되고, 또 5백 생은 제석신의 몸을 받고, 그 다음 5백 생은 대국 왕후의 자리를 받는 등 모든 쾌락을 다 받은 후에는 그 몸에서 일천 부처님을 출생시키고, 마지막에는 청정광여래가 된다고 하셨습니다.

놀랍지 않습니까? 쌀 한 되의 공덕으로 이와 같은 복을 받고 마지막에 가서는 청정광여래가 된다는 말씀에서 우리는 깊은 느낌이 있어야 합니다.

우리 사회에는 정말 가난해서 한 되의 쌀은커녕 한 홉의 쌀도 공양 올리기 힘든 사람도 있습니다. 그러나 기원전 3세기 중엽에 인도를 통치한 아쇼카 왕이 소꿉장난 하던 어린 시절에 단지 신발에 담아 놓은 모래를 부처님께 정성스럽게 올린 인연으로 인도 역사상 가장 위대한 국왕이 되었다는 이야기도 있듯이 많고 큰 보시만 훌륭한 보시가 아닙니다.

작지만 진실한 마음을 담은 보시는 반드시 큰 공덕을 불러 옵니다. 남들이 보기에 큰 것, 많은 것만 보시하겠다든지 이 다음에 재물을 많이 모아서 보시하겠다는 생각을 버리십시오. 평소에 자기 형편에 맞게 틈틈이 보시 공덕을 쌓아야 합니다. 보시 공덕도 좋은 선지식을 만나 보시할 수 있는 인연을 만나야 가능합니다. 오늘의 보시 공덕에 대한 법문이 여러분의 보시 공덕에 좋은 인연의 씨앗이 되기를 바랍니다.

두 번째
화살을
맞지 말라

한 떼의 코끼리가 밀림을 가다가 그만 늪에 빠졌습니다. 모두들 살려고 필사적으로 몸부림쳤습니다. 그 중에 기어코 살아난 코끼리가 있었습니다. 그 코끼리는 늪이 얼마나 무서운지 알기 때문에 다시는 늪 가까이 가지도 않을뿐더러 빠지지도 않습니다.

하지만 밤에 켜놓은 호롱불을 보고 날아드는 불나방은 밝은 불빛이 좋아 날아왔지만 뜨거운 줄 알면서도 끝없이 날아와 죽음을 맞이합니다.

기억력이 좋은 코끼리는 다시는 생사를 헤매지 않지만 불나방은 곧 잊어버리니 끝없는 생사고해를 건너는 것입니다. 우리는 이미 무수한 생을 거듭하면서 윤회의 고통을 겪어왔습니다. 우리가 만약 코끼리와 같이 무서운 과보를 잊지 않았다면 벌써 생로병사의 고통에서 벗어났을 것입니다. 그러나 금방 잊어버리고 달콤한 욕망의 늪에서 벗어나지 못하고 있습니다.

부처님은 불망지(不忘地)의 경지를 터득한 분입니다. 많은 것을 기억하고 계시는 분입니다. 요즘 컴퓨터 메모리칩이 아무리 발달해도 부처님에 미치지 못합니다. 부처님께서는 수억 겁 전의 전생을 기억하고 말씀하십니다. 이렇게 우리 불자도 한 번 겪은 과오를 잊지 않아야 합니다.

그래서 부처님께서는 두 번째 화살을 맞지 말라고 당부하셨습니다. 우리는 완전한 인격체가 아니기 때문에 한 번의 실수는 누구나 할 수 있습니다. 그러나 두 번의 실수는 저지르지 말아야 합니다. 그래야 지혜로운 사람입니다. 우리가 부처님의 가르침을 배우는 것도 이런 지혜로움으로 생사의 고해를 벗어나기 위함입니다.

자운 노스님께서 외국에 나가실 때 소납에게 함께 가자고 하셨으나, 소납은 처음에 외화 낭비라 생각하고 다른 사람을 보냈습니다. 그런데 스님께서 외국에 나가 불교의 여러 문화를 접해 보라는 말씀을 거듭 하셔서 그 후 인도를 여러 번 다녀왔습니다.

처음과 두 번째, 세 번째 인도를 갔을 때 일입니다. 부처님 성도지 부다가야에는 여전히 거지들이 즐비했습니다. 앞을 보지 못하는 거지, 다리를 잃은 거지, 팔을 잃은 거지, 졸졸 따라오며 구걸하는 아이들 등등 '세상의 거지는 모두 이곳에 모였구나' 하는 생각이 들 정도였습니다.

소납은 그 때 거지들에게 돈도 주고 심지어 옷까지 벗어주었습니다. 세 번째까지 그렇게 해 주고는 왜 이들이 이런 과보를 받을까를 참구해 보았습니다. 그 결과 보시하지 않고 물건을 취한 것이 혹독한 과보로 왔음을 알았습니다. 계속 얻어먹는 습관이 받을 때는 좋을지 몰라도 나쁜 과보가 되는 것입니다. 이렇게 된다는 것을 모르는 것이 문제입니다.

보시바라밀이 육바라밀의 첫 번째인 까닭을 알아야 합니다. 그만큼 우리의 업장을 소멸하는 데 중요한 보살의 덕목임을 명심해야 합니다.

불망(不忘). 잊지 말아야 합니다. 우리가 걸어온 업보를 잊지 말고 그 업장을 타파하기 위해 항상 공양 올리는 보살행을 닦아야 한다는 것을….

아낌없이
베풀라

소승의 아라한인 사리불^(舍利弗) 존자가 대승
보살의 마음을 일으켰습니다. 이를 안 제석천왕은 하늘에서 내려
와 대승불교의 첫 번째 덕목인 보시로써 사리불 존자의 대승심<sup>(大
乘心)</sup>을 시험하고자 했습니다.

"거룩하십니다, 존자시여. 존자께서 대승심을 발하셨다니 저
에게 가진 것을 보시하심이 어떻습니까?"

"무엇을 드릴까요?"

"눈을 하나 주십시오."

사리불 존자는 잠깐 동안 고민했습니다. 한쪽 눈이 없으면 얼
마나 불편해지는가를 알기 때문입니다. 하지만 '버리는 것'을 가
르치기 위해 보시행을 실천하도록 했던 부처님의 뜻을 분명히 알
고 있었으므로 아까운 생각, 아픔에 대한 생각을 버리고 한쪽 눈
을 뽑아주었습니다. 상식적으로 생각하면 이것만 하여도 보통 보

시가 아닙니다. 죽은 다음에조차 장기기증을 하지 않으려는 우리의 현실을 생각해 보면 감히 상상도 할 수 없는 일입니다.

하지만 제석천왕은 피가 철철 흐르는 눈알을 받아들자마자 침을 탁탁 뱉은 다음 땅바닥에 집어던져 발로 짓이겼습니다. 사리불 존자는 화가 치밀어 따졌습니다.

"그렇게 할 것을 무엇 때문에 달라고 하였습니까?"

그러자 제석천왕이 말했습니다.

"아깝습니까? 일단 주었으면 아낌없이 주어야지, 주고 나서 지켜보고 화까지 내는 것은 '못 버렸다'는 증거가 아닙니까?"

이 이야기에서 대승불교의 참다운 정신을 배울 수 있습니다.

살아가면서 내 것을 남에게 아무 조건 없이 주는 일은 쉽지 않습니다. 더구나 주고 나서 보시, 그 자체에 집착하지 않는다는 것은 더더욱 어려운 일입니다. 하지만 보시를 했으면 보시를 했다는 마음을 비워야 합니다. 입을 닫아야 합니다. 미련을 두지 마십시오.

내 손을 떠났으면 그 순간부터 내 것이 아닙니다. 절대로 돌아보고, 잘 됐니 못 됐니 거들지도 말고, 자랑해서도 안 됩니다. 그렇지 못하면 내내 아깝다는, 물질에 대한 집착에서 벗어날 수 없습니다. 물질을 베풀었건, 자원봉사를 하였건, 두려워하는 사람을 위로해 주었건 베풀었다는 생각에서 떠나야 참된 공덕이 됩니다. 대승보살의 마음은 이와 같이 텅 빈 허공과 같아야 합니다.

그런데 사람들은 내가 베푼 일을 누가 알아주지 않나 하고 은근히 바라기도 하고, 스스로 자랑하기도 합니다. 내가 불사금으로 얼마를 시주했는데, 복지관에서 봉사하고 왔는데 하면서 말입니다. 그러나 으스대고 자랑하는 그 순간을 참지 못하면 보시한 공덕이 물거품이 되는 줄을 명심해야 합니다.

　왜 물거품이 되느냐 하면, 깨침과는 거리가 멀기 때문입니다. 보시는 불자가 닦아야 할 육바라밀의 제 1수행덕목입니다. 보시를 통해 거짓된 상(相)을 제거할 수 있습니다.

복전의
(福田衣)

부처님께서 사위성 기원정사에 계실 적에, 어느 날 부처님의 상수제자인 사리불 존자와 목건련 존자가 사위성에서 왕사성으로 오자 사람들은 그들을 따라온 비구스님 일천 명과 함께 식사에 초대했습니다. 그 때 어떤 사람이 공양을 베푸는 사람에게 옷감 한 필을 건네주었습니다. 지금처럼 옷감이 흔하지 않은 시절인지라 그 옷감은 10만 금의 값어치가 있었습니다.

그 사람은 공양 비용이 부족하면 옷감을 처분해서 공양에 쓰던가, 의식을 치르는 데 부족함이 없다면 비구들 중에 적당한 사람에게 보시하라고 했습니다. 공양을 베푸는 데 부족함이 없었기에 그 옷감은 장로 중의 한 사람에게 보시했습니다. 사리불과 목건련은 왕사성을 가끔 방문할 뿐이었으므로, 옷감은 왕사성에 상주하는 데바닷따에게 돌아가게 되었습니다.

그런데 데바닷따는 곧바로 그 옷감으로 가사를 해 입고는 뽐

내며 돌아다녔습니다. 데바닷따는 아직 가사를 입을 자격이 되지 못했으므로 이 일은 사람들의 입에 오르내렸습니다. 마침 부처님께 인사하러 온 어떤 비구가 이 일에 대해 부처님께 말씀드렸습니다. 그랬더니 부처님은 자격이 없는데도 데바닷따가 가사를 입은 것은 이번이 처음이 아니라고 말씀하시면서 데바닷따의 전생이야기를 하셨습니다.

"데바닷따는 어느 전생에 코끼리 사냥꾼이었다. 그 때 숲에 수많은 코끼리가 살고 있었다. 하루는 그 사냥꾼이 이 코끼리들이 벽지불을 보면 무릎을 꿇고 절한다는 것을 알았다. 그래서 노란색 가사의 윗도리를 훔쳐서 몸과 손을 가렸다. 그리고 손에 창을 들고 코끼리들이 늘 지나다니는 길에서 기다렸다.

코끼리들이 와서 그를 벽지불로 알고 무릎을 꿇어 절했는데 사냥꾼은 그 순간을 노려 맨 마지막에 있는 코끼리를 죽였다. 코끼리들은 쉽게 사냥꾼의 희생물이 되어 매일 한 마리씩, 여러 날에 걸쳐 죽었다. 동료들의 숫자가 줄어드는 것을 알게 된 코끼리 떼 우두머리는 이를 알아보려고 그 무리의 맨 마지막에 따라갔다.

마침 노란색 가사를 걸친 사냥꾼이 나타나자 우두머리가 경고를 해서 코끼리는 창을 피할 수 있었다. 우두머리 코끼리는 사냥꾼을 코로 휘감아서 땅바닥에 내동댕이쳤다. 그런데 노란색 가사를 보면서 코끼리는 더 이상 공격을 그만두었고 사냥꾼의 목숨을 살려 주었다.

사냥꾼은 노란색 가사로 본색을 가리고 살생하고, 그러한 악행을 저지른 죄과를 치러야 했다. 그 사냥꾼은 분명히 노란색 가사를 걸칠 자격이 없었다. 그 때 그 코끼리 떼의 우두머리가 바로 나였다."

우리가 승가와 스님을 따르고 존경하는 이유는 스님들이 번뇌를 버리고, 계율을 잘 지키고 복밭이 되는 진리를 말씀하시기 때문입니다. 이런 청정한 스님을 잘 따르면 복을 받게 됩니다. 그래서 스님들이 입는 옷을 복전의(福田衣)라고도 부릅니다.

3월

선업의 씨앗을
심고 가꾸라

너는 오늘 스스로 큰 작복의 터를 일구었고,
그것으로 전생의 두터운 업장이 소멸되어
남에게로 향하던 분심과 원심(怨心)이 봄눈 녹듯 사라졌다.
이렇듯 화도 복도 내 안에서 비롯되는 것이니
부디 그 복밭의 종자를 잘 갈무리하여
앞으로는 부지런히 복밭을 잘 일구시게나.

업의
무서움을
새기자

　　세월이 참 빠르다고 느낄 때 흔히 "세월이
흐르는 물과 같다."고 합니다. 일상의 온갖 일에 부대끼다 보면
자기도 모르는 사이에 세월은 저만치 달아나 있습니다. 겨울이
가고 봄이 왔습니다. 봄은 왔지만 올해의 이 봄은 작년의 봄도,
내년의 봄도 아닙니다. 영겁의 세월 속에 단 한 번 맞이하는 봄입
니다.

　　그러나 대부분의 사람들은 이 봄이 늘 돌아오는 봄으로 착각
합니다. 올해에 맞이하는 이 봄은 내 인생에 다시는 만나지 못할
봄인 줄을 알고 잘 살아야 합니다. 겨울이 가고 봄이 오고, 또 여
름과 가을이 오는 줄은 알면서도 자기의 존재가 변화하는 무상의
진리를 바로 보지 못하니 우리의 불행은 여기서 싹트는 것입니다.

　　그래서 부처님께서는 우리들에게 언제나 "새벽처럼 깨어 있

으라."고 말씀하셨습니다. 어둠이 다시 광명으로 바뀌는 새벽의 여명에 예불을 드리며 산하대지를 깨우는 수행자처럼, 동쪽하늘에 떠 있는 샛별처럼 언제 어디서나 자기 존재의 실상을 바로 보면서 깨어 있는 사람이 되어야 세상을 희망차게, 자기의 삶을 복되게 가꾸어 갈 수 있습니다.

세월이 무상하고 나의 육신이 무상함을 바로 알게 되면 하루하루를 정성스럽게 살지 않을 수 없습니다. 세월의 무상과 나의 허망을 바로보지 못하고, 모르기 때문에 절망하고 남을 업신여기며 악업을 가까이 하게 되는 것입니다.

산을 좋아해 산에 오르는 사람들은 대부분 겸손하다고 합니다. 높은 산에 올라가 아래를 한 번 내려다보십시오. 눈 아래 보이는 산봉우리며 골짜기, 높고 낮은 구릉은 높으면 높은 대로, 낮으면 낮은 대로 모두 다 위대하지 않은 것이 없음을 알게 될 것입니다.

우리의 존재도 이와 같습니다. 모든 존재는 위대합니다. 이 위대한 상대의 존재를 인정하고 공경하는 것이 나에 대한 공경이고 우리의 참된 자리인 것입니다. 이와 같이 세상을 바라보면 겸손하고 하심하지 않을 수 없습니다. 하심하며 살아가는 사람은 마음이 평화롭고 넉넉하기에 적을 만들지 않고 살아갑니다. 자애로운 말씨로 남을 따뜻하게 하고 이웃의 아픔을 함께 나누며 업보다는 공덕을 지으며 살아갑니다.

그러나 세상에는 누대에 걸쳐 지어온 업을 소멸하기는커녕 더욱더 업을 지어가는 사람들이 더 많습니다. 다행히 사람 몸 받은 이 시절에 무상한 촌음을 아껴서 공덕을 닦아 윤회하지 않는 세상을 만나기 위해 지혜로운 삶을 살아야지 자꾸 업을 지어서 되겠습니까? 계속 업연에 끌리다 보면 소나 말, 돼지, 미물곤충으로 태어나기는 쉬워도 다시 사람으로 태어나기는 지극히 어렵습니다.

선업(善業)이
왜 중요한가

　　『현우경』에 "비록 미세한 죄업일지라도 상해가 아니라고 가볍게 말하지 말라. 비록 타고 남은 재가 별 거 아니다 말하지만 풀과 산더미를 능히 태울 수 있다."라는 말이 나옵니다. 어떤 사람들은 어리석고 무지해서 타인에게 손해를 입히고 자신을 이롭게 하려는 생각만 가슴에 품고 쉼 없이 타인을 해치려고 도모하는데 타인을 상해하는 죄업은 비록 보기에는 아주 작은 것일지라도 그것이 가져오는 과보는 캄캄한 지옥에 떨어져 고통을 당하는 것입니다.

　　업에 대한 과보를 받는 것도 세 가지로 나눌 수 있습니다.

　　첫째, 순현보(順現報)라는 것이 있습니다.

　　현재의 업을 현생에서 그대로 받는 것입니다. 매스컴을 통해 우리가 매일 봅니다. 현실 생활에서 도둑질하고 강도질하고 타인을 함정에 빠뜨리고 속이는 자들이 결국은 교도소로 갑니다. 이

들은 금생에 지은 업을 지금 바로 과보로 받는 것입니다. 마음을 잘 써야 하는데 악업으로 옮기니까 바로 과보를 받는 것입니다.

둘째, 금생에 지어서 내생에 돌려받는 업이 있습니다. 이것을 순생보(順生報)라고 합니다. 그리고 마지막으로 순후보(順後報)라고 해서 금생에 쌓아놓은 업이 지중해서 업에 밀려가지고 내생에도 그 과보가 도래하지 않고 저 후생까지 뻗쳐 나가는 업이 있습니다. 먼저 지어놓은 곡식을 먼저 먹는 것과 같습니다. 업은 잘났다고 좀 봐 주고 못났다고 덜 봐 주는 인정이 없습니다. 지은 대로 그대로 자기가 받는 것입니다.

그렇기 때문에 선업을 짓는 것이 중요합니다. 악한 자가 지금 잘 사는 것은, 잠시 동안이나마 그 사람의 지난 업의 과가 이어지는 것입니다. 하지만 현재 선업을 짓지 않는다면 악업의 열매가 익었을 때 그 사람의 복덕은 거기서 끝나는 것입니다. 반대로 선한 자가 현재 못 사는 것도 지난 업의 결과입니다. 하지만 좋은 업을 짓다보면 언젠가는 좋은 결과가 분명히 옵니다.

옛 사람들이 "적덕지가(積德之家)에 필유여경(必有餘慶)이요, 적악지가(積惡之家)에 필유여앙(必有餘殃)"이라 해서 "선을 쌓은 집은 반드시 경사가 넘치고 불선을 쌓은 집은 반드시 재앙이 넘친다."라는 말을 했습니다.

또 『보적경』에 "모든 선업으로부터 안락을 맛보고 헤아릴 수 없는 모든 불토를 얻으며, 악업으로부터 무수한 고통을 맛보고 악취의 불구덩이에 떨어진다."라는 말이 있습니다.

백낙천이 조과 선사를 찾아와 다짜고짜 불법이 무어냐고 물었을 때, 선사는 "중선봉행 제악막작(衆善奉行 諸惡莫作)하라."고 일갈합니다. '착한 일은 받들어 행하고 악한 일은 하지 말라.'는 뜻입니다. 그래서 백낙천이 "불법이라고 해서 무슨 특별한 법(法)이라도 있나 했더니 별것도 아니구만." 하고 비웃자, 조과 선사가 한 말은 "이 사람아! 세 살 어린애도 알지만 백 살 노인도 행하기는 어렵다."입니다.

　　불교는 어렵다면 한 없이 어렵지만 쉽다면 한 없이 쉬운 종교입니다. 단지 이 불교를 어떻게 받아들이느냐에 따라 어려울 수도 있고 쉬울 수도 있습니다. 다른 모든 교리를 접어두고 착한 일 하겠다는 한 가지만이라도 닦겠다고 원을 세우고 한 번 지켜보십시오. 그것이 나 자신을 지키고, 윤회에 빠지지 않고 극락왕생하며 성불하는 가장 쉬운 행입니다.

구렁이
뼈를 묻어준
사명 대사

사명 대사가 두 제자를 데리고 산을 넘고 있었습니다. 어느 곳을 지나다가 큰 구렁이의 뼈다귀가 다 삭아서 산 중턱에 걸쳐져 있는 걸 보았습니다. 사명 대사는 첫째 제자한테 땅을 파서 그 구렁이의 뼈를 묻어주라고 했습니다.

그랬더니 그 제자는 "아휴, 스님! 이미 오래 전에 죽은 구렁이 뼈를 뭣 하러 묻어줘요?" 하면서 싫다고 했습니다. 그래서 둘째 제자에게 다시 시켜 그 뼈를 묻어 주게 했습니다. 그리고 일행은 다시 길을 떠나 언덕을 넘다가 배첨지네 집을 지나가게 되었습니다.

사명 대사가 문득 절에 양식이 떨어진 것이 생각나서 첫째 제자에게 배첨지에게 가서 양식을 좀 얻어오라고 시켰습니다. 그런데 평소에는 무엇이든 잘 주던 배첨지가 그날은 벽력같이 소리를 지르면서 야단을 쳐서 쫓아내더랍니다.

첫째 제자가 야단만 실컷 맞고 돌아오자 사명 대사는 이번에는 둘째 제자를 다시 보냈습니다. 그런데 첫째에게는 혹독하게 야단을 치던 배첨지가 둘째 제자에게는 아주 친절하게 대접을 하면서 쌀 한 자루를 주더랍니다.

하도 이상해서 첫째 제자가 투덜대며 사명 대사에게 그 까닭을 물었더니 이렇게 대답하시더랍니다.

"그래, 참 이상스럽지. 그렇지만 알고 보면 별로 이상할 게 없단다. 우리가 저 능선을 오를 때 묻어 주었던 그 구렁이 뼈는 전생에 배첨지란다. 그 구렁이가 사람으로 다시 와서 지금의 배첨지가 된 것이다. 전생에 쓰던 자기의 뼈를 정성스럽게 묻어 주니까 그 기운이 배첨지의 마음에 닿은 거란다.

첫째, 너는 미물중생에게도 다 불성이 있다고 말했는데도 구렁이 뼈라고 몰인정하게 무시하니까 배첨지 자신도 알 수 없는 이유로 너를 무시하게 된 것이고, 둘째는 뼈를 정성스럽게 묻어 준 공덕이 허공에 떠 있다가 알 수 없는 기운으로 배첨지에게 전달되어 그렇게 잘 대해 준 것이란다. 이 세상에는 정성스러운 마음의 흐름이 그냥 사라져 버리는 게 아니다."라고 하셨답니다.

여러분들도 살아가다가 남이 이유 없이 시비를 걸거나, 대뜸 소리치며 야단칠 때는 '아, 내가 과거에 그에게 뭔가 몰인정하게 대한 적이 있었구나!'라고 생각하시고, 말 한마디라도 상냥하게 건네서 과거의 빚을 청산하기 바랍니다. 이유 없이 남에게 구설을 듣고, 자주 다투거나, 질타를 당하는 것도 과거의 어느 생에서 좋지 못한 일을 한 적이 있기에 그 과보를 받는 것이라고 생각하십시오.

우리의 마음이나 말은 눈에 보이지 않지만 허공에 발사되면 결코 사라지지 않습니다. 이 마음의 염파가 사라지지 않고 허공에 빽빽이 들어차 있다가 인연이 닿는 자리에 다시 돌아갑니다. 그러니 항상 웃는 얼굴과 부드러운 말로 남을 대해야 합니다. 삼업(三業)이 청정해야 훗날 나쁜 과보를 받지 않습니다.

또, 우리가 기도를 해서 불보살님께 가피를 입는 것도 그 염파가 불보살님께 닿았기 때문입니다. 그래서 기도를 할 때 불보살님께서 감응하시도록 간절히 하라고 하는 것입니다.

전생업을
녹인
머슴

옛날 경산 최부잣집에 을덕이라는 머슴이 새로 왔습니다. 며칠 살펴보니 짐은 남보다 세 배를 지고, 몸은 두 배로 재빠르며, 일 눈까지 밝아 기특하기 짝이 없었습니다. 흡족한 최부자는 들어온 지 며칠 안 된 애송이에게 사랑채 심부름까지 도맡기며 각별하게 대했습니다.

어느 날, 최부잣집에 파계사 스님이 오셨는데, 스님이 새로 온 머슴의 상을 보니 예사롭지 않았습니다. 큰 시주자인 최부자에게 횡액을 끼치고도 남을 업장을 지닌 위인이었습니다.

"저런 업장을 지닌 위인은 언제 어디서건 불씨만 와 닿으면 터지게 되어 있는 화약고와 같소. 전생의 악업 때문에 온몸에 분심과 살생의 기운이 가득하니, 모진 중생 거두었다가 괜한 횡액 당하지 마시고 속히 내보내도록 하십시오."

최부자는 덕 높은 스님의 도력을 익히 알고 있었기에 아끼는 일꾼을 내보내기가 아쉬웠지만 어쩔 수 없이 그날로 당장 내보냈습니다. 뜻밖에 쫓겨난 머슴의 심정은 허탈하기 짝이 없었습니다. 병든 홀어머니와 동생들을 위해 일찍부터 시작한 머슴살이였습니다. 일솜씨는 좋았지만 성을 잘 내고 일단 싸움이 터졌다 하면 눈에 뵈는 게 없는 성질 때문에 세경 한 푼 못 받고 쫓겨난 집이 한두 곳이 아니었습니다.

하지만 이번만은 정말 억울했습니다. 모처럼 좋은 주인을 만나기도 했지만 스스로도 분기를 잘 다스리려고 마음을 다잡은 덕분에 아직까지는 다툼질이 없던 터였습니다.

억울하고 분한 마음으로 다리목에 도착하니 마침 홍수 뒤끝이라 다리마저 떠내려가고 없었습니다. '초년 고생은 사서도 한다지만 이놈의 팔자는 어찌 이리도 박복한가.' 하고 강기슭에 주저앉아 신세 한탄을 하고 있는데 흙탕물에 잠겼다 떠올랐다, 떠내려가는 이상한 물건 하나가 눈에 들어왔습니다. 살펴보니 썩은 짚단에 개미들이 새까맣게 엉겨 붙어 있었습니다. 머슴은 동병상련의 측은지심으로 그 짚단을 끌어 당겨 개미들을 모두 뭍으로 옮겨주었습니다.

해가 저물자 머슴은 어쩔 수 없이 최부잣집으로 돌아가 다리 끊긴 사연을 아뢰고 하룻밤만 재워줄 것을 청하였습니다. 그런데 최부자 옆에 서있던 스님이 머슴의 손을 잡고 물었습니다.

"오늘 아침 이 집을 나갈 때까지 너에겐 분명 살상의 기운이 가득했는데 지금은 전혀 그런 기운이 없다. 이는 그 사이에 네가 큰 복밭을 일구었다는 얘긴데, 그렇게 두터운 업장을 소멸시킬 만한 복을 하루 낮에 짓는다는 것은 참으로 어려운 일이네. 지금까지 무슨 일이 있었는지 소상히 털어놔 보게나."

머슴이 오늘 하루 겪은 일과 그 심사를 소상히 아뢰자 스님은 무릎을 쳤습니다.

"과연 그렇구나! 짚단 하나를 까맣게 덮을 정도라면 개미가 수만 마리는 될 것인즉, 어려움에 처한 수만 생명을 구하였으니 너는 오늘 스스로 큰 작복의 터를 일구었고, 그것으로 전생의 두터운 업장이 소멸되어 남에게로 향하던 분심과 원심(怨心)이 봄눈 녹듯 사라졌다. 이렇듯 화도 복도 내 안에서 비롯되는 것이니 부디 그 복밭의 종자를 잘 갈무리하여 앞으로는 부지런히 복밭을 잘 일구시게나."

머슴 을덕이는 감격하여 스님께 눈물로써 삼배를 올렸습니다. 을덕이처럼 누구에게나 물들지 않은 본심은 있습니다. 이 본심을 찾는 일이 불자의 수행입니다.

소중한
인연

　　매일 얼굴을 맞대고 사는 사람들을 보면 전
생에 얼마나 인연이 깊으면 이 많고 많은 사람들 중에서 만나게
되었나 하는 생각이 듭니다. 사람으로 태어나 부모를 잘 만나고,
형제를 잘 만나고, 친척이나 친구, 부부나 스승의 인연을 잘 만나
는 것이 얼마나 큰 복인지 모릅니다.

　　설령 악연이라 하더라도 전생부터 이어오는 것이기 때문에
악연이든 선연이든 다 인연관계를 잘 해야 하는 것입니다. 『석문
의범』에 보면 이 소중한 인연을 잘 설명하고 있습니다.

　　일천겁 동종선근자 일국동생(一千劫 同種善根者 一國同生)
　　일천겁을 함께 선근을 쌓아야 한 나라에 태어날 수 있고,
　　이천겁 일일동행(二千劫 一日同行)
　　이천겁을 함께한 인연으로 하루를 동행할 수 있고,

삼천겁 일야동숙(三千劫 一夜同宿)

삼천겁 인연으로 하룻밤을 같이 지내고,

사천겁 일향동족(四千劫 一鄕同族)

사천겁 인연으로 같은 고향에 태어나고,

오천겁 일리동생(五千劫 一里同生)

오천겁 인연으로 같은 마을에 태어나고

육천겁 일야동침(六千劫 一夜同寢)

육천겁 인연으로 같이 동침할 수 있고,

칠천겁 일가동생(七千劫 一家同生)

칠천겁 인연으로 일가로 태어날 수 있고

팔천겁 위부부(八千劫 爲夫婦)

팔천겁을 함께한 인연으로 부부로 짝을 이루고,

구천겁 위형제(九千劫 爲兄弟)

구천겁을 함께한 인연으로 형제로 태어나고

십천겁 동종선근자 위부모사자(十千劫 同種善根者 爲父母師資)

만겁을 함께한 인연으로 부모와 스승의 연을 맺는다.

일겁(一劫)이라는 시간은 상상할 수 없을 만큼 긴 시간입니다. 천 년에 한 번씩 선녀가 지상에 내려와 집채처럼 큰 바위를 옷깃으로 한 번 쓸고 다시 천상으로 올라가는데, 그렇게 반복해서 그 큰 바위가 모래알처럼 작아지는 시간을 1겁이라 한답니다.

일 겁도 기나긴 시간인데 십천 겁, 즉 만겁 동안 선근을 닦았기 때문에 지금 이 자리에서 부처님 법을 함께 배우고 있는 것입니다.

우리는 모두 불자라는 동종선근자입니다. 아주 귀한 인연입니다. 길 가다 옷깃이 한 번 스치는 것도 오백 겁의 인연이라 합니다. 집이나 직장에서 항상 나와 얼굴을 마주하고 사는 사람들이 얼마나 소중한 인연인지를 살펴서 서로 화목하고 존중하며 살아야 할 것입니다.

작은 키의
행복

한때 소납은 작은 키 때문에 고민을 한 적이 있습니다. 도반스님들은 모두 큰데 나는 왜 이렇게 작게 태어났을까? 십대에서 이십대 초반까지 키를 크게 하고 싶어 실로 많은 고심을 했습니다. 심지어 키를 크게 해 준다는 기구를 사서 운동도 해 보았지만 소용이 없었습니다.

그러던 어느 날, 시장에 물건을 사러갔다가 두 다리가 잘린 사람이 타이어 조각에 의지한 채 시장바닥을 기어가며 동냥하고 있는 장면을 목격하고 크게 깨치게 되었습니다.

우습게 들릴지 모르겠지만, 한창 신체의 변화에 민감한 십대 때 키가 작아 고민하던 저에게 그 장면은 큰 깨달음이 아닐 수 없었습니다. 동강이가 난 몸을 땅바닥에 대고 찬송가를 울리며 물건을 사 달라고 소리 지르며 바닥을 기어가고 있는 그 사람에 비한다면 난장이면 어떻고 땅꼬마라고 놀림을 당한들 어떻겠느냐는 생각이 들었습니다. 사지가 분명하며 더더욱 불법을 만나 수행하며 참나를 보기 위해 노력하며 산다는 사실이 더욱 행복했습니다.

행복도 보는 관점에 따라 달라질 수 있는 것입니다.

소득이 뚝 떨어졌다고 해도 자유를 박탈 당한 나라에서 굶주림에 허덕이는 사람보다야 행복한 상황이라 할 수 있지 않겠습니까?

못 산다고 한탄하지 말고 나보다 어려운 처지에 놓인 이웃을 생각해 보십시오. 그 사람들이 우리가 못 산다고 한탄하는 말을 들으면 아마도 사치라고, 복에 겨운 소리라 할 것입니다.

또한 무엇보다 마음만은 풍족하게 살아야 합니다. 우리는 이제껏 행복의 척도를 물질의 풍요에서 구해왔고 거기에 길들여져 있기 때문에 진정한 행복을 잘 모르고 사는 것입니다.

경제난국인 지금이야말로 마음의 풍족을 배워 둘 좋은 기회입니다. 끝없는 욕망은 결코 우리에게 만족을 주지 못합니다. 어디 부자가 모두 행복하다고 할 수 있습니까? 천만의 말씀입니다.

부유하든 가난하든 근심 걱정은 항상 따르게 마련입니다.

대체로 행복하게 사는 사람들은 자기 처지에 만족하고 최선을 다하는 사람들입니다. 작은 일이라도 만족할 줄 아는 사람은 근심거리를 적게 만들기 때문에 능히 행복을 간직하고 살 만한 자격이 있다고 하겠습니다.

살생의 응보가
얼마나 무서운가

　　　　요즈음 세태 중에서 가장 심각한 문제가 생명경시풍조가 아닌가 합니다. 불교에서는 살생을 가장 크게 경계하고 있습니다. 세상의 모든 동물은 죽기를 두려워합니다. 세상의 모든 중생은 자기의 생명에 집착합니다. 지옥의 중생은 지옥이 너무나 고통스럽기 때문에 빨리 죽기를 바라지마는 그 외에는 모두 죽기를 바라지 않습니다. 그런데 아무렇지도 않게 생명을 죽이는 사람들이 있습니다. 심지어 텔레비전에도 그런 장면이 심심치 않게 나옵니다. 아이들이 잘 보는 모 프로에는 연예인들이 매운탕을 끓인다고 서로 칼을 들고 희희낙락하면서 죽이는 장면이 나옵니다. 참 큰일이라는 생각이 듭니다.

　　연지(蓮池) 대사께서 말씀하셨습니다.

　　"이와 같은 하늘 가득한 악업을 지으면, 만세에 깊은 원수를 맺게 된다. 일단 죽음에 이르면 즉시 지옥에 떨어져 끓는 물, 뜨거운 불, 검수(劍樹), 도산(刀山)에서 고통을 당하게 된다. 죄를 마친 후에는 여전히 축생이 되어 원한을 서로 보복하기를 목숨으로 갚으며, 축생에서 벗어나 사람이 되면 병이 많고 단명하게 된다. 뱀에 물리고 호랑이에게 잡아먹히며, 칼이나 병기에 죽음을 맞는다. 혹은 형벌을 받아 죽으며, 독약을 마셔 죽게 되는데, 이 모든 것은 살생의 업이 불러오는 것이다."

『능엄경(楞嚴經)』에서 이르기를, "사람이 양을 잡아먹으면, 사람은 죽어 양이 되고 양은 죽어 사람이 되어 이를 반복한다. 이와 같이 열 가지 종류의 중생은 세세생생 서로를 잡아먹으면서 악업이 갖춰지는데, 미래세가 다하도록 끝이 없다. 이러한 인연으로 백천 겁을 지내도 항상 생사 속에 있게 된다."라고 하였습니다.

중국 강소성 양주성(揚洲城) 밖에 '사육'이라고 부르는 농민이 있었는데, 그는 논밭을 개간하고 꽃과 나무 심기를 좋아하였습니다. 어느 날 땅을 팔 때 무수한 개미들이 살고 있는 개미굴을 발견하였습니다. 그는 흉악하고 죽이기를 좋아하였기 때문에 집에서 한 통의 끓는 물을 가져와서 직접 개미굴에 부어넣어 무수한 개미들을 전부 죽게 하였습니다.

그해 8월의 어느 날, 그는 꿈속에서 갑자기 무수한 개미들이 그의 몸에 기어오르는 것을 보았습니다. 깨어나서 보니 온몸의 살에 무수한 붉은 반점이 생겼습니다. 다음날 조그만 반점은 붉은 물집으로 변하였고, 그 속에서 개미들이 살을 물어뜯으니 참을 수 없이 고통스러웠습니다. 그는 고통으로 울부짖으면서 며칠 후 사망하였습니다.

　이것은 인간으로 살아 있을 때의 과보이며, 죽은 후에는 삼악도의 한량없고 참을 수 없는 고통이 기다리고 있습니다. 그러므로 마땅히 살생의 불가사의하며 두려운 업보를 생각해야 할 것입니다. 만약 내가 사형수가 되어 사형장에서 총살을 기다리고 있을 때 누군가 방편을 써서 구해 준다면 은혜가 바다같이 깊어 평생 그 은혜를 갚으려고 할 것입니다. 이와 마찬가지로 비록 한 마리의 작은 물고기일지라도 생명이 살해되는 것을 보고, 방생하면 이러한 덕이 있게 될 것입니다.

　어떠한 경우를 당하더라도 중생을 살해하지 않겠다고 맹세해야 합니다. 내가 어떤 한 중생을 죽이면, 내가 죽은 후에 이 중생으로 변하여 같은 액난을 받게 된다는 엄중한 말씀을 결코 잊어서는 안 됩니다. 이 말씀을 명심하면 인생을 훨씬 더 아름답고 보람 있게 살아갈 수 있을 것입니다.

축생보를
받는 인연

축생은 사람이 기르는 온갖 짐승으로 고통
이 많고 즐거움이 적으며, 성질이 사납고 무지합니다. 식욕과 음
욕이 강할 뿐 아니라 부자와 형제의 인식이 없어 서로 잡아먹습
니다. 축생의 특징은 이성이나 의지력에 따라 행동하지 않고, 본
능에 따라 행동한다는 점입니다. 참새는 몇 알의 곡식에 눈이 멀
어 머리 위에 덫으로 세워둔 바구니를 보지 못해 잡히고 맙니다.
미꾸라지와 같은 물고기는 연못이 얕아 연못 바닥을 뚫고 살아도
미끼에 속아 어느 날엔가 낚시에 걸리고 맙니다. 그래서 어리석
은 축생이라 합니다.

반면 이성을 가진 인간은 원력으로 산다는 점에서 축생과 구
별됩니다. 하지만 인간이 이성을 잃고 본능에 따라 살면 축생과
다를 바 없습니다. 약자를 업신여기고 강자에겐 비굴하게 굽신대
는 삶도 결국 축생의 인연입니다. 축생은 사물의 도리에 어두운

어리석은 인연입니다. 이런 인연에게 필요한 등불이 부처님의 지혜광명입니다.

　경북 점촌에 사는 임모 여인은 윗대부터 문경 김룡사에 다니면서 지장기도를 열심히 했습니다. 임 여인은 기관지 질환으로 고생을 하다가 중환자실에 입원까지 할 정도로 증상이 악화되었습니다. 병원에 입원해 사경을 헤매던 어느 날 밤 꿈에 저승사자 3명이 검은 옷을 입고 찾아와서 무조건 따라가자고 했습니다. 임 여인은 꿈에서도 저승사자를 따라가면 이 세상을 하직하는 날이라는 것을 알았지만 한마디 대항하지도 못하고 저승사자의 위엄에 눌려 가자는 대로 그저 따라갈 수밖에 없었습니다.

　그런데 문 밖에 나가보니 거기에는 한 낯선 남자와 여자 한 사람이 말없이 서 있었습니다. 임 여인은 그 사람들과 함께 저승사자를 따라 어디론가 걸어갔는데 천천히 걸어가도 몸이 공중에 떠서 날아가는 것처럼 잘 걸어갈 수가 있었습니다. 저승사자가 그들을 데려간 곳은 김천에 사는 임 여인의 동생네 집이었습니다. 동생네 개집 앞에 다다르자 저승사자가 개집 속으로 들어가라고 하였습니다. 함께 간 두 남녀는 아무 말 없이 시키는 대로 개집으로 들어가는데, 임 여인은 갑자기 두려운 생각이 나서, "지장보살님! 저는 싫습니다." 하면서 개집에 들어가기를 완강히 거부했습니다. 그러자 저승사자는 임 여인을 한참 노려보다가 어디론가 가버렸습니다. 깨어보니 꿈이었는데 온몸에 땀이 나서 이불이 흠뻑 젖어 있었습니다.

며칠 뒤 자리에서 일어난 다음 꿈이 너무 이상해서 오랜만에 동생 집에 가보기로 했습니다. 병고에 시달리느라 동생을 못 만난 지도 1년이 넘었습니다. 동생에게 안부를 묻고 나서 "혹시 집에 개를 기르느냐?"고 물으니 암캐를 한 마리 기르는데, 며칠 전에 새끼를 세 마리 낳았는데 한 마리는 죽은 것을 낳고, 두 마리는 암컷과 수컷인데 아주 귀엽다고 하였습니다. 동생의 말을 듣고 개를 보러가니 꿈에서 본 개집과 꼭 같았고, 개가 새끼를 낳은 것도, 저승사자가 그들에게 개집에 들어가라고 말한 날짜와 꼭 같았습니다.

임 여인은 겁이 났습니다. 그리고 만일 자기가 개집으로 들어갔더라면 지금 동생네 개로 환생했을 것이라고 생각하니 소름이 끼쳤습니다. 이후 임 여인은 자기를 구해 주신 지장보살님께 한없는 감사를 드리고 더욱 독실한 불자가 되었다고 합니다.

불가(佛家)에서는 기는 짐승이나 나는 짐승이나 축생을 보면 "대방광불화엄경! 발보리심(發菩提心)하여지이다." 하면서 축생의 몸을 벗고 새로운 몸을 얻어 깨달음을 이루라는 축원을 해줍니다. 탐진치 삼독심에 빠져 축생의 몸을 받았으니 하루빨리 대지혜의 인연을 만나 새 몸을 받으라는 축원입니다. 이 축원은 바로 우리들에게도 해당하는 말입니다. 짐승의 업을 따라하면 짐승의 몸을 받는다는 인과법을 믿고 살림살이를 잘 일구어야 하겠습니다.

4월

마음이 맑으면
국토가 청정하다

나의 법신이 청정하면 삼라만상 모든 존재가 걸림이 없습니다.
마치 바닷물이 바다로 흘러드는 모든 강물을 정화하듯
마음이 청정하면 모든 존재가 청정해집니다.

계를 잘 지키면
이 몸 그대로
청정법신

           석가모니 부처님께서 열반에 드시고 어느 정도 세월이 흐르자 불교계에서는 '부처님의 본질은 과연 무엇인가, 부처님은 무엇으로 말미암아 그토록 완성된 삶의 모습을 보이실 수 있었을까?' 하는 부처님에 관한 연구가 활발히 일어나게 되었는데, 그 결과 나타난 것이 삼신불(三身佛) 사상입니다.

    즉, 부처님은 법신(法身), 보신(報身), 화신(化身)이라는 세 가지 몸을 갖추고 있다는 것으로, 여기서 몸은 육신이 아니라 본질(本質) 내지는 기능을 의미합니다.

    먼저 법신이란, 부처님이 부처님일 수 있는 근거가 그 깨달으신 진리에 있으므로 진리가 바로 부처님의 본질이라는 입장입니다. 법신이신 부처님은 시작도 끝도 없는 영원 속에서 세상 만물 안에 두루 내재하여 계시므로 이 세상 만물은 부처님의 화현(化現)

아닌 것이 없기에 법신부처님을 비로자나 부처님이라고 합니다.

한편 보신이란, 부처님은 일정한 서원이나 수행의 과보로서 부처님이 되셨으므로 부처님의 또 다른 본질은 그와 같은 수행 내지는 원력이라는 입장에서, 보신으로 이루어진 부처님 즉, 보신부처님은 노사나 부처님, 아미타 부처님, 관세음보살 같은 분입니다.

또 응신(應身)이라고도 하는 화신은 부처님께서 중생을 구제하고자 실제로 역사 속에 태어나신 부처님을 가리키는데, 바로 석가모니 부처님입니다.

이 같은 세 분의 부처님을 함께 모시는 것이 삼신불(三身佛)인데, 절에서는 보통 법신 비로자나 부처님을 중심으로 보신 노사나 부처님과 화신 석가모니 부처님을 모시거나 혹은 아미타 부처님과 석가모니 부처님을 좌우에 모시는 것이 통례입니다.

이 세 부처님은 이론적인 책 속의 부처님이 아닙니다. 활발자재하게 살아 있는 부처님입니다. 이 세 부처님을 이루고자 하는 사람이 바로 여러분과 같은 불자입니다. 그럼 어떻게 이 세 부처님을 이룰 수 있을까요?

계를 잘 지키면 이룰 수 있습니다. 계를 잘 지키면 그대로 청정법신입니다.

살생하지 말라.
살생하지 않으면 살기(殺氣)가 사라지니 누구나 친근합니다.

도둑질하지 말라.

남의 것을 탐내지 않으면 남도 내 것을 탐내지 않습니다.

거짓말을 하지 말라.

진실이 아닌 말을 뱉지 않으면 남도 나를 말로써

고통을 주지 않습니다.

사음을 하지 말라.

부정한 음행을 삼가면 남도 나와 인연한

부정을 저지르지 않습니다.

술을 마시지 말라.

술을 마시면 정신이 혼미하여 온갖 악행의

유혹에 빠지기 쉽습니다.

따라서 살생, 도둑질, 거짓말, 사음 등 파계를 두려워하지 않으니 청정하지 못한 인연들이 점차 나의 심신에 스며들어 병고액란의 원인이 됩니다.

계를 잘 지키면 그대로 나의 몸이 청정법신이 됩니다.

나의 법신이 청정하면 삼라만상 모든 존재가 걸림이 없습니다. 마치 바닷물이 바다로 흘러드는 모든 강물을 정화하듯 마음이 청정하면 모든 존재가 청정해집니다. 심청정(心淸淨) 국토청정(國土淸淨)이 이루어집니다.

그 청정한 당체를 이루고자 발원을 하고 간절한 마음으로 수행을 하면 그대로 원만한 보신이니 노사나 부처님이고, 아미타 부처님이고, 관세음보살입니다. 이것이 중요합니다. 나 자신이 바로 진리요, 진리의 당체로서 노사나 부처님이 되고 아미타 부처님이 되고, 관세음보살이 되는 원력을 세우고 실천해야 합니다.

이 진리인 당체, 진리를 구현하려는 당체를 내보이신 분이 화신입니다. 모든 중생들의 근기에 따라 천백 억으로 무수히 나툰 천백 억 화신입니다. 왜 화신으로서 우리들 눈앞에 나타나시는가? 그것은 삼라만상 모든 존재에게 공양을 올리기 위한 부처님의 자비심이 발현한 것입니다.

우리는 천백 억 화신으로부터 공양을 받으며 살아갑니다. 하루도 이 공양을 받지 않고는 살아갈 수 없습니다. 이 공양에 대한 은혜를 잘 알아야 합니다. 그리고 스스로 이 무수한 은혜에 대해 베풀 수 있는 천백 억 화신이 되어야 합니다. 여러분이 바로 천백 억 화신 석가모니 부처님이요, 원만보신 노사나 부처님이요, 청정법신 비로자나 부처님임에 눈을 뜨십시오.

한 방울의
기름도
흘리지 않다

       이 이야기는 석가모니 부처님 당시의 일입니다. 당시 인도에는 맹광이라는 국왕이 있었는데 그는 아주 포악하여 수많은 사람을 죽였으나 뒤에 불교승단에 신심을 일으켜 불교에 귀의하였습니다.

    어느 날 그는 가전연 존자를 포함해 오백 명의 비구를 왕궁에 초청하여 공양을 올렸습니다. 그 때 맹광왕은 연회를 베풀었는데, 그 춤과 노래 소리가 온 천지를 시끄럽게 했습니다. 공양을 원만히 마친 뒤에 국왕이 가전연 존자께 물었습니다.

    "오늘 공양하실 때 가무 등의 묘미가 어떠셨는지요?"

    존자의 지계는 아주 엄하였는데 그가 왕궁에 왔을 때, 육근을 조심하여 마음을 조금도 방일하지 않아 이러한 번잡한 외경에 전혀 산란되지 않았기에 존자는 국왕에게 이렇게 말했습니다.

"저는 아무 소리도 듣지 못했고 또한 아무것도 보지 못했습니다."

국왕은 그 말을 듣고 그다지 기뻐하지 않았습니다. 이것이 사실이 아닐 거라고 여겼습니다. 존자는 국왕이 의심하는 것을 알아차리고 국왕에게 이렇게 말했습니다.

"국왕이시여, 사실은 이렇습니다. 저는 윤회의 고통에 떨어지는 것을 아주 두려워하여 시시각각 육근을 바른 한 생각에 집중하여 조금도 방일하거나 산란하지 않으며 바깥의 모든 것에 전혀 신경을 쓰지 않습니다."

국왕이 여전히 믿지 않자, 존자는 국왕에게 권하길 감옥에서 사형수 한 명을 끌어내어 죄수의 손에 기름이 가득 담긴 그릇을 들고 궁을 천천히 돌도록 명령했습니다. 만약 한 방울의 기름이라도 쏟게 되면 그 곳이 곧 처형장이 될 것이라고 말한 뒤 동시에 아주 많은 가무를 준비하게 했습니다. 죄수는 기름그릇을 들었고 손에 날카로운 검을 든 무사가 수갑을 풀어주자 조심스럽게 천천히 궁을 한 바퀴 돌았는데 그 결과 단 한 방울의 기름도 흘리지 않았습니다. 국왕이 그에게 물었습니다.

"궁을 돌면서 본 가무가 어떠했느냐?"

죄수가 답하기를, "국왕이시여, 저는 아무런 가무도 전혀 느끼지 못했습니다. 왜냐하면 기름을 쏟아 죽게 될 것이 두려워 모든 마음과 뜻을 기름그릇에 집중했기 때문에 조금도 마음이 흔들릴 수가 없었습니다."

그제서야 비로소 국왕은 존자의 말을 믿게 되었습니다. 그러자 가전연 존자가 또 말씀하시길,

"이 죄수가 천천히 걸을 때 만약 기름을 흘렸다면 이번 생에서의 목숨을 잃었을 것입니다. 우리가 출가하여 계를 지키는 과정에서 만약 바른 마음을 잃어 계율을 파하게 되면 세세생생 동안 이같이 생명을 잃어 고통을 받을 것입니다. 죄수는 현생에서의 생명을 위해 이와 같이 조심하여 감히 방일하지 않았던 것입니다. 다생 겁의 생명을 위해서 제가 어찌 또 그렇게 못하겠습니까?"

계율을 지키며 사는 불자 또한 마땅히 이와 같이 해야 합니다. 시시각각 윤회의 고통을 생각하고 계율을 범하면 세세생생 지옥에 떨어져 해탈을 얻을 수 없게 될 것을 명심해야 합니다. 스님들은 지옥에 떨어져 고통 받는 것을 매우 두려워합니다. 그래서 계율을 잘 지키고 바른 수행에 힘쓰려고 합니다.

이것은 수행인에게 있어 아주 중요한 덕목입니다. 일반 재가자들은 스님들에 비해 그런 마음이 덜하다 하더라도 항상 지옥을 두려워하고 정진하려는 마음을 일으켜야 합니다. 한 방울의 기름도 흘리지 않겠다는 마음으로 살아가는 모습을 닮아가야 합니다.

벽계정심
선사의 아내

　　　　　충북 영동 땅의 백화산 반야사에 전해 내려
오는 벽계정심 선사의 이야기입니다.

　조선시대는 불교에 대한 탄압이 극심했습니다. 벽계정심 선
사는 탄압을 피하여 수행을 계속하고자 머리를 기르고 속인같이
지냈습니다. 사람들에게 의심을 사지 않으려고 한 여인을 아내로
얻어 살았습니다. 그런데 부인은 남편이 점점 이상했습니다. 자
신은 1년을 살아도 과부요, 2년이 지나 3년을 살아도 이름만 남
편이지 언제나 남남이었습니다.

　그래서 하루는 떠나기로 마음을 먹고, 남편인 스님에게 말했
습니다.

　"스님, 저는 인자 갈랍니다."

　"왜?"

　"이름만 영감이지 저는 항상 과부 신세를 면치 못하니 이래서

는 더 이상 못 살겠소."

"그러면 할 수 없구먼. 좋은 사람을 새 남편으로 만나서 잘 사시구려. 3년 동안 밥해 주느라 수고 많이 했으니, 그동안 수고한 대가로 이것이나 받으시오."

스님은 길을 나서는 아내에게 은으로 만든 표주박을 내어주었습니다. 부인은 그것을 받아 가지고 나오다가 동구 밖 샘물가에 앉아서 표주박으로 물 한 모금 떠서 마시고 팔자 한탄만 하다가 이딴 표주박이 무슨 소용이냐고 하면서 그만 놓아둔 채 길을 떠났습니다.

부인은 3년 동안 다시 남편을 얻으려고 이리저리 돌아다녔으나 아무도 살자는 사람이 없었습니다. 얼굴도 남에게 뒤지지 않을 만큼 예쁘게 생겼는데도 수작을 거는 남정네 하나 없었습니다. 그래서 하루는 생각하다가 어차피 과부 신세 면할 길 없으니 다시 정심 선사를 찾아가면 이름이라도 영감이니까 없는 것보다는 나을 것 같았습니다.

부인은 그 길로 선사를 다시 찾아가니 정심 선사가 반갑게 맞이했습니다.

"내 다시 올 줄 알았소."

"어떻게 아셨어요?"

"그 이유를 알고 싶소? 그럼 3년 전에 내가 준 표주박은 어찌했소?"

하고 물으니 부인은 솔직하게 다 이야기를 털어놓았습니다.

"그 자리에 다시 가 보시오. 아직도 그대로 있을 것이오."

"어째서요?"

"내가 이 세상에 사람으로 태어나서 중이 되기를 5백 번이나 하였는데 처음 중이 되면서 지금까지 남이 주지 않는 것은 가져 본 일이 없었소. 그래서 그 인덕으로 무엇이든 내 것이라 이름만 지어놓으면 아무도 손을 대지 못하는 것이오."

그러나 부인은 그 말을 믿을 수가 없었습니다. 속는 셈 치고 표주박을 버린 곳에 가서 보았더니 과연 3년 전에 자기가 버린 그 모습 그대로 있는 것이었습니다.

부인은 그때서야 왜 자기에게 남자들이 붙지 않았는지 알 수 있었습니다. 인과법칙의 이치가 털끝만큼도 어김이 없음을 확연히 깨달은 부인은 다시는 다른 마음을 먹지 않고 죽을 때까지 스님을 잘 받들어 모셨다고 합니다.

진리의
몸

       조선 말기에 용악(聳岳)이라는 스님이 계셨습니다. 이 스님은 본래 함경남도 안변에 있었던 석왕사의 스님이었습니다. 용악 스님은 늘 『금강경』을 수지 독송해 살아계실 때 이에서 사리가 많이 나왔습니다. 그런데 스님은 해마다 오산의 수암사라는 절에 가서 음식을 대접받고 차를 석 잔씩 드시고 돌아오는 꿈을 꾸었습니다. 그래서 하도 희한한 생각이 들어 그 날짜를 기록해 두었습니다.

    그러던 어느 날 수암사에 사는 스님 한 분이 석왕사를 찾아왔습니다. 용악 스님은 대단히 반가웠습니다. 그래서 그 찾아온 스님을 보고 꿈에서 보았던 대로 나무 홈대로 물이 흘러 들어가는지, 돌로 만든 수각은 있는지 등 수암사 곳곳의 모습을 묻고 틀림없느냐고 물으니 꿈에 본 그대로였습니다. 그래서 다시 자신이 꿈에 음식 대접 받은 날을 가리키면서 그 날이 무슨 날이냐고 물

어 보았는데, 그날이 바로 오산 수암사의 중창주(重創主)스님의 제
삿날이었습니다.

　이에 용악 스님은 자신이 전생에 수암사의 중창주로 있다가
다시 태어나 이 몸을 받았기에 제삿날마다 꿈에 그 제사를 받게
되었음을 알게 되었습니다. 그래서 그 중창주스님이 평소 무슨
일을 하고자 발원하였는지 다시 물으니 해인사의 고려대장경을
인쇄해서 모셔놓기를 늘 원하셨다는 것이었습니다. 이에 용악 스
님은 크게 깨달은 바가 있었습니다. 용악 스님도 평소에 늘 해인
사의 고려대장경을 인쇄하는 일을 발원하고 있었기 때문입니다.

　이 발원이 금생에 문득 생각한 것이 아니라 전생에 오산 수암
사에 있을 때부터 원해 온 일임을 알았습니다. 그래서 금생에는
그 원을 꼭 이루려고 더욱 간절하게 마음속으로 다짐했습니다.
그래서 1896년에 통도사에 가서 백일기도를 올리고, 그 이듬해
에는 해인사에 가서 또 백일기도를 올렸습니다. 부처님의 가피력
에 힘입어서 그 큰일을 성취하고자 한 것입니다.

　그 후 용악 스님은 그 소원을 무난히 이루었습니다. 나라에서
큰 시주가 되어 1899년에는 해인사 고려대장경 4부를 인쇄하여
통도사, 해인사, 송광사 등 삼보사찰에 한 부씩 모셨습니다. 그리
고 한 부는 전국의 사찰에 나누어 모셨습니다.

　이러한 용악 스님의 전생과 금생 인연을 보고 우리는 깊이 깨
달아야 합니다. 원을 간절히 세우면 이생에 이루지 못해도 다음

생에는 반드시 이루어진다는 것입니다. 원을 굳게 세우고 그 원이 이루어질 때까지 착실하게 한 걸음씩 정진하면 언젠가는 꼭 성취하기 마련입니다. 그리고 또 한 가지는 죽음이 없는 불교의 생사관입니다. 용악 스님처럼 단지 몸을 바꾸었을 뿐 영원히 살아 있는 이 진리의 몸을 바로 알아야 합니다.

"우리는 죽지 않는다."는 이 진리를 깨닫지 못해서 슬퍼하고 고통스러워하니 이보다 더 안타까운 일이 어디 있겠습니까. 이것을 바로 알게 하는 것이 불교의 수행입니다. 그래서 나옹 스님은 "일념망시명료료(一念忘時明了了), 처처무비극락당(處處無非極樂堂)"이라. 마음이 깨끗하여 밝고 밝으면, 곳곳이 극락이라 했습니다.

승만 부인의
전생
이야기

　　　　　옛날 소티세나 왕자에게 '삼브라'라고 하는
이름의 왕자비가 있었는데 더할 수 없이 아름다웠습니다. 그녀는
진심으로 왕자를 사랑하였습니다.

　　그런데 어느 날 왕자의 손등에 작은 종기가 나기 시작하더니
온몸이 종기와 고름으로 뒤덮였습니다. 숱한 궁녀들과 신하들은
흉칙한 왕자를 피하였고 왕자는 몸과 마음이 함께 병들어버렸습
니다. 왕자는 자신이 놀림감이 되는 것 같아 아내와 함께 숲 속으
로 도망쳐 들어갔습니다.

　　자연 속에서 아내는 극진하게 남편을 보살폈습니다. 열매를
따와서 식사 준비를 하였고 맑은 물을 길어 와서 고름으로 뒤범
벅된 남편의 몸을 씻겨주었습니다. 아내는 온종일 남편의 병간호
로 하루를 보냈고 이렇게 세월이 흐르자 남편의 마음의 병도 차

즘 치유돼 갔습니다.

어느 날 아내는 맑은 샘에서 머리를 감으려고 검은 머리를 풀어헤쳤습니다. 바로 그 때 숲에 살고 있던 귀신이 아름다운 여인의 모습을 보고 반하여 겁탈하려 하였습니다. 자신이 변을 당하면 남편이 얼마나 괴롭고 힘들어할까만을 걱정한 아내는 필사적으로 반항하였지만 역부족이었습니다. 그러다 귀신에게 붙잡힌 순간 아내는 이렇게 소리 질렀습니다.

"네 아무리 귀신이라지만 이렇게 무도한 짓을 범해도 좋단 말이냐! 정의를 지키고 있는 하늘의 신들은 모두 어디에 계신단 말인가!"

아내의 목소리는 제석천의 궁전을 두드렸고 제석천의 도움으로 아내는 귀신의 손에서 풀려날 수 있었습니다.

하지만 남편은 돌아온 아내의 흐트러진 모습을 보고 깊은 의심에 사로잡혔습니다. 자신의 결백을 주장하던 아내는 마침내 물항아리를 들고 이렇게 노래하였습니다.

'진실이야말로 그대를 지켜 주리니
진실이여! 내게 가피를 내리소서.
나는 남편 아닌 다른 이를 사랑하지 않았네.
남편보다 더 사랑하는 이가 내겐 없나니
오오, 이 말이 진실하다면 내 남편의 병은 치유되리라.'

그리고 물을 남편의 머리에 붓자 기적처럼 온 몸에 났던 종기가 씻은 듯이 사라지고 허물이 벗겨진 피부도 예전의 빛나던 몸으로 되돌아갔습니다. 마침내 그들은 궁으로 돌아올 수 있었습니다. 하지만 여전히 아내에 대한 불만이 가득 찬 남편은 궁으로 돌아가서 다시 왕자의 신분을 회복하자 아름다운 궁녀들과 어울릴 뿐 아내의 처소에는 발길을 돌리지 않았습니다. 남편의 사랑을 얻지 못한 아내는 차츰 야위어 갔고 아름답던 피부도 거칠어지고 빛을 잃어갔습니다.

이런 일들을 지켜본 부왕이 왕자에게 일러주었습니다.

"다른 여인들은 네가 병들었을 때나 건강했을 때나 한결같이 아름답게 치장하고 있었지만, 왕자비는 오직 너와 함께 지내면서 사랑으로 마음을 주고받았다. 여인의 응석을 받아주는 남자는 많지만 남자에게 진정으로 도움이 되는 여인은 찾아보기 힘들다. 왕자여! 그런 여인을 배신해선 안 된다."

부왕의 가르침으로 아내를 찾아간 왕자는 자신의 잘못을 뉘우치고 아내에게 진심으로 용서를 빌었습니다. 왕자비는 그런 남편을 사랑으로 받아들이고 평생 행복하게 살았습니다.

이 『본생경』에 나오는 왕자비가 바로 승만 부인의 전생입니다.

부부 사이야말로 인간관계의 기본입니다. 이 부부 사이의 관계가 발전하여 자식이 생겨나고, 이어서 형제와 상하의 인간관계가 성립됩니다. 그러므로 부부 사이가 건강하고 건전해야 우리 사회도 밝아집니다. 가정을 잘 지키는 첫걸음은 부부간의 사랑과 신뢰입니다.

사회가 어려울수록 부부간에 합심해서 어려움을 잘 극복해 나가야 할 것입니다. 부모가 살기가 어려워 자식을 버리고 집을 나가는 경우를 종종 봅니다. 버리고 간 그 자식의 마음에는 부모에 대한 원망만 가득하여 사회를 바로 보지 않을 것입니다. 그 아이가 자라 건전한 사회구성원이 되기란 여간 어려운 일이 아닙니다. 사랑이 가득한 가정을 일구도록 함께 노력합시다.

원생보살(願生菩薩)이 되라

우리가 사는 이 시대는 물질 위주의 사회적 소용돌이와 사상의 혼돈으로 처처에 방황하는 영혼이 많고 많습니다.

부처님께서는 경전을 통해 이 시대를 오탁악세의 정법은몰시대(正法隱沒時代)라 하셨습니다. 이런 말씀을 들으면 기운이 나지 않지요? 그러나 부처님이 어떤 분입니까? 너희들은 오탁악세에 빠져서 죽든지 말든지 알아서 하라고 가만히 둘 분이 아닌 줄 다 아시지요? 부처님께서는 이미 다 장치를 해 놓으셨으니 안심하십시오.

부처님께서는 이때 어둠을 밝히는 달처럼 회광반조(回光返照)하는 금강 같은 견고한 마음을 발하라고 하셨습니다. 나를 돌아보고 우리의 인생을 돌아보고 어떻게 살아야 할지 냉철하게 한번 보라는 말씀입니다. 그렇게 자각하면 우리의 마음에 '원생보살'이 나타납니다. 부처님께서는 이 시대야말로 '원생보살'이 나설 때임을 미리 예견하셨던 것입니다. 이 원생보살이 있기에 오탁악세도 아무 걱정이 없습니다.

원생보살이 어떤 분입니까?

전생에 수행을 많이 해 극락세계로 건너간 보살들이 모두 즐거워하는 가운데 '원생보살'만은 두고 온 중생이 가엾게 여겨져 그들을 구하고자 사바세계로 다시 돌아옵니다. 얼마나 숭고한 보살입니까? 이분들 앞에 저절로 고개가 숙여짐은 당연합니다. 나 혼자만 어떻게 하든지 잘 살자는 것이 아니라 모두 같이 잘 사는 길을 찾는 분이 원생보살입니다. 원생보살이 바로 대승보살입니다. 대승보살이 원생보살이라고 불리는 것은 역시 위없는 진리를 이루고자 하는 원을 세워서 탄생한 수행자이기 때문입니다.

위로는 진리에 입각한 상승된 삶을 구하면서 이웃을 비롯한 일체 중생을 구하겠다는 마음이 보살의 보리심입니다. 부처님께서도 『대방등대집경』에서 "항상 근식을 지켜 교계를 수행하는 자를 보살이라 하고 교계를 수행하지 않는 자를 보살이라 하지 않는다."고 하셨습니다. 따라서 불자는 모름지기 보살이 되고자 서원해야 하고 보살이 되어야 합니다.

원생보살은 바로 나의 마음 밭에서 찾을 수 있습니다. 부처님께서는 고통을 극복하는 힘과 에너지를 바로 나의 마음에서 찾으라 하셨습니다. 나의 마음에서 그 힘을 찾으면 내 마음 속에 바로 원생보살이 출현하시는 것입니다. 우리 주변에도 원생보살은 많이 있습니다. 어느 분이 보살인가 가만히 보십시오. 종교가 같든 다르든지를 막론하고, 계급이 높고 낮고를 떠나, 빈부귀천을 떠나 어디선가 이 사회에도 원생보살이 많이 살고 있습니다. 이처럼 나 자신도 원생보살로 살자는 것입니다.

보살은 이 시대의 바람직한 불자상입니다. 불자들은 모두 보살이 되어야 합니다. 자신을 틀림없는 원생보살이라 생각하고 이 세상에 할 일이 있어서 다시 태어난 것이라는 사명감으로 살아야 합니다. 이러한 마음가짐으로 한 중생이라도 건지려는 마음으로 세상을 산다면 어떠한 어려움도 쉽게 극복할 수 있습니다. 우리 모두가 이 세상에서 고통 받는 중생을 구제하기 위해 극락에서 다시 돌아온 원생보살의 마음으로 살아간다면 우리의 삶은 지금보다 훨씬 더 뜻 깊고 소중한 인생이 될 것입니다.

우리의 삶이 늘 즐거움으로 가득하면 좋겠지만 즐겁다가도 원하지 않는 재앙이 닥치기도 하고, 괴롭고 힘든 일이 늘 따라다닙니다. 그래도 이것을 이겨내는 강인한 '원생보살'을 내 가슴 속에 모셔놓고 살면 든든합니다.

원생보살은 이미 만사가 구족한 극락세계를 뒤로 하고 온 분이기 때문에 세상의 괴로움쯤은 아이들이 손에 쥐고 노는 장난감과 같습니다. 그 고통에 휩쓸려 가는 것이 아니라 고통을 비추어보고 길을 모색해서 하나씩 얽힌 매듭을 풀면서 길을 찾아나갑니다.

참다운
재가신도의 조건

　　　　속가에서 부처님의 가르침대로 살면서 불
법승 삼보를 외호하는 사람을 재가신도라고 합니다. 남자신도는
'우바새', 여자신도는 '우바이'입니다. 『잡아함경』에 참다운 재가
신도의 조건에 대해 잘 나와 있습니다.

　　　　부처님께서 고향인 니그로다 동산에 계실 때 마하나마라는
재가 신자가 삼보에 귀의하며 부처님께 어떤 사람을 가리켜 재가
신자라 하는지 여쭈었습니다. 부처님께서는 다음과 같은 열여섯
가지를 갖추어야 참다운 재가 신자라 하셨습니다.

　　　　"첫째, 스스로 바른 믿음을 가져야 한다.
　　　　둘째, 스스로 깨끗한 계율을 가져야 한다.
　　　　셋째, 언제나 보시를 행하여야 한다.

넷째, 절에 자주 나가 스님을 공경해야 한다.

다섯째, 스님을 보면 법을 청하여 들어야 한다.

여섯째, 항상 바른 법만을 받아 지녀야 한다.

일곱째, 받아 지닌 법이 옳은 것인지 그른 것인지, 그 뜻을 깊이 관찰해야 한다.

여덟째, 바른 법에 따라 실천을 게을리 하지 말아야 한다. 이 여덟 가지를 자신은 물론 남에게도 가르쳐 낱낱이 그렇게 하도록 해야 한다. 그러면 모두 열여섯 가지를 성취하는 것이 된다. 이런 사람을 일러 나는 참된 재가 신자라 부른다."

이 부처님의 말씀을 따라 자기 자신에게 물어봅시다.

나는 삼보에 귀의하여 바른 믿음을 지니고 있습니까?

나는 수계를 받고, 계율을 잘 수지하고 있습니까?

나는 삼보를 호지하고자 보시를 잘 하고 있습니까?

나는 절에 자주 나가 스님의 설법을 듣고 있습니까?

나는 점이나 사주 등 삿된 법을 멀리하고

부처님의 정법을 실천하고 있습니까?

나는 부처님의 가르침을 항상 마음에 새겨 사유하며 실천합니까?

나는 가족이나 이웃에도 부처님의 바른 법을 전하고 있습니까?

이와 같은 질문을 항상 자신에게 할 줄 알아야 참다운 신행생활이 될 것입니다.

바른
우바새로
사는 길

부처님께서 카필라 국의 니그로다 숲에 계실 때 석가족의 '마하남'이 부처님께 어떻게 살아야 우바새로서 바르게 사는 것인지 여쭈었습니다.

부처님께서 말씀하셨습니다.

"우바새란 세속에 살면서 집안을 잘 다스리고 목숨이 끝날 때까지 삼보에 귀의하여 바른 믿음을 가지고 오계를 잘 지키기를 서원한 사람이다.

우바새로서 믿음은 있으나 계율이 없으면 완전하지 못하다. 그러므로 계율을 잘 지켜야 한다. 그러나 믿음과 계율이 있으나 보시하지 않으면 완전하다고 할 수 없다. 그러므로 부지런히 베풀어 공덕을 닦아나가야 한다.

믿음과 계율 그리고 보시는 할 줄 알지만 사문에게 찾아가 법문을 듣지 않으면 그 또한 완전하지 못하다. 그러므로 절을 찾아가 법문을 들어야 한다. 법을 듣고서 몸소 실천하지 않으면 완전하지 못하니 들은 대로 잘 실천해야 한다."

불교 초보자들이 부처님의 가르침을 실천 수행하지 않고 불교교리만을 외워서 흉내 내며 으스대는 사람이 적지 않습니다. 어려운 한문 경구를 외운 다음 아는 척하면서 정작 실생활 속에서는 진리를 거스르는 행동을 하는 사람들도 있습니다. 백 가지, 천 가지 어려운 교리를 알고 있다고 한들 우리 생활 속에서 죽은 지식은 아무 소용이 없습니다.

진리와 부처님의 가르침에 대한 절대적인 믿음이 없이 옛 어른들이 남겨놓은 어록이나 들추어내어 앵무새처럼 떠들어댄다고 해서 자신의 삶이 진정 밝아지고 맑아질 리가 없습니다. 생활 속에서 지혜롭게 살고, 자비롭게 살지 않으면서 사람들에게 그렇게 살라고 하면 제대로 된 포교가 될 수 없습니다.

불교는 옛 사람들이 남겨놓은 장식품이 아니라 이 시대에 바로 쓰이는 활발발한 살아 있는 종교입니다. 이런 불교를 해야 나도 살고 우리도 살고 불교도 삽니다.

불교는 실천의 종교이고, 생각하고 돌아보는 종교입니다.

생각하고 돌아보고 실천하지 않는 불교인은 바른 신행생활을 한다고 할 수 없습니다. 자기의 생각을 돌아보고 반성하면서 진리의 길을 실천하는 사람이 진실한 불자입니다. 불자는 진실한 사람이어야 합니다.

처음도 끝도, 머리도 꼬리도, 겉과 속이 같은 절대적인 믿음을 가진 사람이어야 합니다. '머리 따로 꼬리 따로'라면 불교가 이 세상에 왜 필요하겠습니까.

부처님의 말씀에 대한 절대적인 믿음으로 계율을 지키고, 남을 돌아보고 베풀면서, 때때로 절에 가서 법문을 듣고 마음을 닦는 생활이 바른 재가자의 삶이라 하겠습니다.

5월

공양 올리는 마음

우리는 남에게 선물을 할 때 상대가 무엇을 좋아할까
몇 번이고 생각한 후 그것을 선물합니다.
그처럼 부처님께 공양을 올릴 때도
'부처님께서 무엇을 제일 좋아하실까'
하고 생각하는 것은 당연합니다.

연등
공양

등을 밝히는 것을 연등(燃燈)이라 하고, 그 밝힌 등을 보면서 마음가짐을 바르게 하는 것을 관등(觀燈)이라 하는데, 이는 부처님 당시부터 시작된 아주 중요한 불교의식의 하나입니다.

『아사세왕수기경』에 보면 연등공양에 대하여 다음과 같이 기록되어 있습니다. 부처님 당시에 아버지를 죽이고 왕위에 오른 아사세왕이 있었습니다. 처음에는 권력을 탐내 아버지를 죽이고 왕이 되었지만, 용맹한 아사세왕은 인도 대륙을 통일하는 큰 업적을 남겼습니다. 그러나 그는 그러한 큰 업적을 이루기까지 수많은 생명을 빼앗았기 때문에 자신의 죄를 돌아보면서 괴로워했습니다. 온 몸에는 흉한 종기가 돋아서 고통스러웠습니다. 유명한 의사를 불러 치료를 했지만 병은 점점 악화되어 갔습니다. 그래서 마지막으로 부처님을 찾아가 하소연하였습니다.

"지금이 바로 자신을 돌아보고 참회할 때입니다. 지금 이 순간 때를 놓치지 말고 참회하십시오. 세상을 살아가면서 허물이 있을지라도 바로 고치는 사람이야말로 훌륭한 사람입니다."

"세존이시여, 아버지를 해친 저의 참회를 받아 주소서. 저는 지난날의 잘못을 깊이 참회하나이다."

아사세왕은 이러한 진실한 참회를 한 후 온 몸의 종기도 말끔히 낫게 되었습니다. 이후 아사세왕은 독실한 불자가 되었습니다. 부처님을 궁궐에 모시고 법문을 듣고 공양을 올렸습니다. 어느 날 부처님께서 궁궐에 오시어 법문을 해 주시고, 공양을 드셨는데, 금세 날이 어두워졌습니다. 부처님께서 날이 어두울 때 기원정사로 돌아가시게 되자, 아사세왕은 자신의 미혹한 마음을 밝혀 주신 부처님께 연등공양을 올리기로 마음을 먹었습니다. 아사세왕은 자신의 궁궐에서 시작하여 기원정사까지 수많은 연등을 달아 어두운 밤길을 환하게 밝혔습니다. 이때부터 불자들은 부처님의 지혜광명을 상징하는 연등을 밝히게 되었습니다.

부처님께 정성을 다하여 올리는 것은 모두다 공양입니다. 우리는 해마다 '부처님 오신 날'이 되면 '등공양'을 올리는데 그 참뜻을 알아야 하겠습니다.

우리는 남에게 선물을 할 때 상대가 무엇을 좋아할까 몇 번이고 생각한 후 그것을 선물합니다. 그처럼 부처님께 공양을 올릴 때도 '부처님께서 무엇을 제일 좋아하실까' 하고 생각하는 것은 당연합니다. 복덕과 지혜를 두루 갖추신 부처님께서는 무엇을 좋아하시는가? 부처님께서는 어둠속에서 헤매는 우리 미혹한 중생이 환한 광명의 세계로 나아가는 것을 가장 좋아하십니다. 그래서 부처님께서 가장 좋아하시는 등불을 공양 올리는 것입니다.

또한 내 마음 속의 밝은 성품인 부처님의 모습을 밖으로 드러내서 등불로 형상화한 것입니다. 우리들은 등불처럼 밝은 지혜의 광명으로 무명(無明)에서 벗어나서 깨달음을 얻고자 하는 서원으로 등을 밝힙니다. 부처님께 연등을 공양하는 것은 내 마음의 부처님을 연등에 모셔서 부처님께 올리는 것입니다. 등불을 밝힘으로써 부처님께서 이 세상에 오신 뜻이 되살아나기 때문입니다.

매년 올리는 등 공양이지만 올리고 또 올려도 부족한 것이 등 공양입니다. 그것은 나의 번뇌가 끝이 없듯이, 나의 업장도 두텁고 두터워서 그 업장을 소멸하고자 하는 불보살의 가없는 서원도 끝이 없기 때문입니다.

절에 가서 연등공양을 올리고 나서 반드시 관등(觀燈)을 해야 합니다. 그냥 등 달았다고 돌아서지 말고, 내가 올린 연등 아래에 다소곳이 서서 합장을 하고 이 '등공양'을 통해 가족의 안녕과 소원 성취를 기원하고, 만나는 인연마다 부처님의 은혜를 더욱 가슴 깊이 새겨 부처님 인연을 헛되지 않게 살아가고자 다짐해야 하겠습니다.

칠불통계게
(七佛通戒偈)

　　　　　　여러분도 아시다시피 부처님은 깨달음을 얻
은 분입니다. 그러니 석가모니 부처님뿐만 아니라 석가모니 부처
님 이전의 과거에도 수많은 부처님이 계셨습니다.

　　석가모니불 이전에 여섯 분의 부처님이 계셨으니 '비바시불,
시기불, 비사부불, 구류손불, 구나함모니불, 가섭불'이고, 석가모
니불은 일곱 번째에 해당한다고 합니다.

　　그런데 위의 일곱 부처님께서 말씀하신 공통된 가르침이 있
으니 칠불통계게(七佛通戒偈)라고 합니다. 부처님의 가르침을 가장
많이 들었던 아난 존자는 부처님께서 설하신 모든 법은 이 한 가
지 게송에서 나왔다고 했습니다.

　　이 게송은 당나라의 시인 백낙천과 얽힌 유명한 일화가 있습
니다. 백낙천이 정계의 권력 다툼을 피해 항주자사로 내려와 복
잡한 마음을 달래고 있었는데 하루는 도림 선사라는 고승이 있다

는 말을 듣고 선사를 만나러 행차했습니다.

　백낙천이 절에 도착했을 때 도림 선사는 소나무 가지 위에 앉아 좌선을 하고 있었는데 영 불안해 보여서 백낙천이 위태로우니 내려오시라고 말했습니다.

　그러나 도림 선사는 "그대가 더 위태로워 보인다오."
라고 말했습니다. 그러자 백낙천은 높은 자리에 있는데 무엇이 위태로우냐고 화답했습니다.

　"티끌 같은 지식을 가지고 교만만 늘어나니 번뇌가 끝이 없도다. 탐욕의 불길이 쉬지 않으니 어찌 그대가 더 위태롭지 않은가?"

　도림 선사의 일갈에 백낙천은 자신의 무지와 탐욕을 깨달을 수 있었습니다. 그제서야 한 풀 죽은 백낙천이 평생을 두고 좌우명으로 삼을 법문을 내려달라고 간청하자, 도림 선사가 해 준 법문이 칠불통계게입니다.

　"제악막작(諸惡莫作) 중선봉행(衆善奉行)
　자정기의(自淨其意) 시제불교(是諸佛敎),

　일체의 악을 짓지 말며, 모두에게 선을 받들어 행하라.
　그리하여 그 마음을 깨끗이 하는 것,
　이것이 모든 부처님의 가르침이다."

이 말을 들은 백낙천은 의아해서 되물었습니다.

"그런 말은 삼척동자도 알고 있는 것입니다."

그러자 도림 선사는 "삼척동자도 아는 사실이나 팔십 노인도 행하기 어렵다네."라고 말했습니다.

여기서 '제악막작 중선봉행'하는 것이 무엇입니까? 바로 계를 지키고, 지혜롭게 실천행을 닦는 것입니다. 그리고 '자정기의'는 자기 자신을 되돌아보고 자기 마음을 정화해 나가는 행입니다. 이 속에 계·정·혜가 모두 들어 있는 것입니다.

불교는 이렇게 쉽습니다. 그러나 참으로 단순하고 쉽게 생각되지만, 막상 실천하기는 어려운 일입니다.

어떻게 부처님을
볼 것인가?

　　　　　대한불교조계종의 소의경전이자 많은 불자
들이 널리 독송하는 대표적 대승경전인『금강경』의 표준본이 발
간돼 봉정법회를 가진 바 있습니다. 아시다시피 이『금강경』은
부처님의 경전 중에서도 참다운 지혜의 문을 여는 가르침입니다.
그 중에서도 부처님을 보려는 사람은 상(相)을 여의라고 거듭 강
조하고 있는데 우리 불자들이 그 뜻을 잘 새겨야 하리라 생각합
니다.
　　옛날 중국의 단하천연(丹霞天然: 739~824) 선사가 낙양(洛陽)의 혜림
사(慧林寺)에 머물고 있을 때였습니다. 몹시도 추운 어느 해 겨울날
하도 추워서 궁리 끝에 법당에 들어가 나무로 조성한 목불(木佛) 한
분을 부엌에 업어다 모셔놓고는 도끼로 쪼개서 불을 땠습니다.
그래놓았으니 난리가 난 것은 당연지사입니다. 뒤늦게 이 일을
알게 된 그 절 원주스님이 달려오더니 펄쩍 뛰며 냅다 고함을 질

렀습니다.

"어찌 이럴 수가 있는가? 스님이 돼가지고 어떻게 부처님을 토막 내어 군불을 때고 태연히 코를 골며 잠을 잘 수 있단 말인가?"

그러자 이 말을 들은 선사는 아무 말도 않고 부엌으로 가서 부지깽이로 다 타버린 재를 뒤적이는 겁니다. 뒤따라온 원주스님이 지금 무엇을 하느냐고 다시 묻자 단하 선사가 말했습니다.

"보면 모르는가. 사리를 찾고 있는 중일세."

그러자 그 원주스님이 단단히 화가 나서 대들었습니다.

"나무로 만든 부처님인데 무슨 놈의 사리가 있단 말이오!"

그 말에 오히려 단하 선사가 호통을 쳤습니다.

"만약 사리가 없는 부처님이라면 불을 땠다고 해서 나를 질책할 것은 또 무엇이냐! 그럼 남은 두 불상도 마저 불을 때야겠다."

이 일이 있은 후 오히려 원주스님의 눈썹과 수염이 모두 빠져버리게 되었는데 "한 생각 화내는 마음이 일어나면, 백만 가지의 장애가 생긴다."는 경전의 말씀처럼 부처님의 참모습을 설한 단하 선사의 법문을 비난한 과보를 받았다고 하는데, 단하 선사가 목불을 태웠다는 일화는 오늘날까지 전해져 후학들의 경책이 되고 있습니다.

그러나 여기에서 우리 불자들은 부처님의 뜻이 어디에 있는지 조심조심 살펴야 합니다. 『금강경』 여리실견분의 게송입니다.

"무릇 온갖 겉모양은(凡所有相)

모두가 허망한 것이니(皆是虛妄)

모든 모양이 모양 아닌 줄 알면(若見諸相非相)

바로 여래를 보리라(卽見如來)."

진실로 상을 여읜 사람이라면 부처님 존상으로 여래를 본다고 무슨 허물이 되겠습니까? 상이 상 아닌 줄만 확실히 안다면, 상을 여의고서야만 여래를 본다는 것이 오히려 허물이 될 것입니다. 그러므로 상(相)을 확실히 여의고 만물을 볼 줄 아는 지혜가 필요한 것입니다. "마음이 곧 부처다(心卽是佛)."라는 말처럼 불교는 마음수행을 강조하는 종교입니다. 내 마음이 곧 부처이므로 마음을 잘 닦아서 부처님과 같은 마음을 찾도록 정진해야 합니다.

그런데 초심자들에게 이렇게 마음 도리만 강조를 하다 보면 부처님께 예불이나 공양을 올리는 일이나 불전에 기도를 올리거나 염불하는 수행을 모두 미신이요, 우상숭배요, 어리석은 일이라고 폄하하는 병에 빠지게 해서 또 다른 상에 집착하게 만듭니다. 특히 불교를 좀 배워서 안다는 불자 중에 이 병에서 헤어나지 못하는 사람이 많습니다.

이 병에 걸리면 고치기가 쉽지 않을 뿐만 아니라 한번 병에 들면 모든 걸 깨달은 것처럼 스님을 우습게 알고 스님의 말조차 듣지 않으려 합니다. 부처님 전에 공양도 올리지 않을 뿐 아니라 기도나 예배도 하지 않습니다. 심지어 다른 사람이 절에 가서 기도하는 것까지 비방합니다.

여러분은 어떻게 생각하십니까? 과연 불전에 예배도 하지 않는 이런 모습이 참으로 불법을 아는 사람입니까, 아닙니까? 여러분에게 묻고 싶습니다. 우리는 그 속뜻을 잘 살필 줄 알아야 합니다.

『금강경』의 말씀이나 단하천연 선사의 가르침은 모양 있고, 모양 없음을 따지는 게 아니라 그 어느 쪽에도 얽매이지 말라는 말씀입니다.

누구나 한결같이 마음이 뭐냐고 물어보면 이름도 없고, 상도 없고, 소리도 없고, 냄새도 없고, 색깔도 없는 것이라고 대답할 것입니다. 그러나 죄송한 말씀이지만, 없는 것만 마음이 아니라 있는 것도 마음입니다. 색깔도 있고, 냄새도 있고, 모양도 있습니다. 나무로 만든 부처님도 금으로 만든 부처님도 마음입니다. 부처님 앞에 절하는 것도 마음입니다.

"깨닫고 나니 두두물물(頭頭物物)이 모두 부처더라."라고 하신 옛 스님들의 말씀이 그냥 나온 말이 아닙니다. 있는 것도 없는 것도 마음임을 분명히 알아야 합니다. 그러니 절에 다니는 사람이 부처님을 돌이나 쇠로 만들어 놓았다고 우상이라고 하는 것은 스스로 무식하다고 떠벌리고 다니는 것과 같습니다.

참다운 부처님을 뵈려면 한쪽에 치우치지 않아야 합니다. 부처님의 자비로운 뜻이 어디에 있는지 잘 살피고 항상 어디를 가더라도 예경하고 공양하는 불자로 살아야 하겠습니다.

사리불 존자의
마지막 효도

　　　　　　　지혜제일 사리불 존자가 임종을 앞두고 고
향으로 귀향했습니다.

　사리불은 일찍이 계급도 높고 부유한 집에서 태어났습니다.
특히 그의 어머니는 매우 영리했는데 사리불을 잉태하였을 때에
는 세상의 이치에 대해 저절로 해박해졌고 지혜로워졌다고 합니
다. 어머니의 자랑이었던 사리불은, 친구 목련과 함께 출가하여
고향을 떠난 후 오랜 세월이 흘렀습니다. 출가한 아들의 소식은
인연 닿는 사람들을 통해 전해 듣는 게 전부였기에 어머니의 아
들에 대한 그리움은 깊었습니다.

　그런 아들이 5백 명이나 되는 제자들을 거느리고 마을로 돌
아오자 수많은 사람들이 달려 나와 무릎을 꿇고 절을 올렸습니
다. 덕이 높은 성자가 되어 돌아오는 금의환향이었지만, 한편으
로는 병이 깊어진 늙은 아들이 인생의 긴 여정을 끝내고 열반하

고자 찾아온 귀향길이었습니다.

아들의 방을 손수 청소하던 노모의 마음에는 반가움보다 근심이 더 컸습니다. 집으로 돌아온 아들은 어머니에게 인사를 건넬 기력도 없이 제자들에 둘러싸여 간신히 자신의 옛 방으로 들어간 뒤로 시뻘건 피를 토해냈습니다. 어머니는 그저 방문에 기대어 아들의 제자들이 들고나는 피가 담긴 그릇만을 바라보며 가슴만 태웠습니다.

그러는 와중에도 수많은 하늘의 신들이 사리불에게 마지막 인사를 드리러 찾아왔습니다. 지혜로운 어머니는 방문 앞에 서서 그 광경을 지켜보다가 제일 마지막으로 다녀간 신이 바로 자기가 모시고 있는 브라만 신임을 알고 그제야 사리불에게 다가가 물었습니다.

"아들아, 지금 다녀간 신이 내가 모시는 브라만 신 아니냐? 그렇다면 네가 저 신보다 더 높다는 말이냐?"

"그렇습니다. 하지만 저는 비교할 수도 없습니다. 제 스승이신 석가모니 부처님께서 탄생하셨을 때는 한 명도 아닌 네 명의 브라만 신이 아기 부처님을 황금그물로 받았기 때문입니다."

어머니는 자신이 믿고 있는 브라만 사상과 종교에 독실했기 때문에 부처님에 대해 궁금해 했던 적은 한 번도 없었습니다. 그런데 자기가 섬기는 신이 아들에게 절을 했고, 그 아들은 행복에 겨운 목소리로 자신의 스승에 대해 이야기했습니다. 그러자 어머니는 석가모니 부처님에 대해 궁금해지기 시작했습니다.

사리불은 그런 어머니를 가만히 지켜보다가 그 때를 놓치지 않고 부처님이 어떤 덕을 지닌 분인지를 설명하기 시작하였습니다. 지혜로운 어머니는 아들의 이야기를 듣자 금방 알아들었습니다. 그녀는 길고긴 탄식을 토해냈습니다.

"아들아, 그토록 훌륭하고 실제적인 행복의 길을 왜 이제야 가르쳐 주는 것이냐? 왜 진작 설명해 주려 하지 않았느냐?"

사리불은 더할 수 없이 커다란 행복에 휩싸였고, 최후의 순간이 다가오자 어머니를 방에서 내보낸 후 조용히 선정에 든 채 열반하였습니다.

사리불 존자는 숨을 거두면서 마지막으로 자신을 낳아주신 어머니의 은혜를 갚았던 것입니다. 부모님을 부처님 세계로 인도하는 일이야말로 가장 큰 효도입니다. 부모님을 뵐 때마다 부처님 말씀이나 불교설화를 들려드립시다. 큰 포교가 됩니다.

*『그리운 아버지의 술냄새』(이미령 지음) pp.80~83 차용

불교 신행의
첫 걸음

우리는 누구나 부처님과 불교가 좋아서, 아니면 절이 좋아서, 스님이 좋아서 불자가 됩니다. 그런데 불자가 되고 나서 어떻게 신행해야 될지를 모르는 불자들이 많습니다. 불교신행의 기본은 신해행증(信解行證)의 과정을 거치는 것입니다. 곧 믿음을 가지고, 가르침을 이해하고, 가르침대로 닦고, 스스로 깨침을 증득하는 것입니다.

첫째, 바른 신심(信心)이야말로 불교신행의 첫걸음입니다.

"불법(佛法)의 바다에는 믿음으로써 들어갈 수 있다."고 하였습니다. 신심은 틀림이 없다고 결정짓는 마음입니다. 불법이 거짓이 아닌 진리라는 마음의 결정이 곧 신심입니다.

불교의 믿음은 신의 절대적인 힘을 믿고 그 은총을 입고자 하는 태도가 아니라, 불법이야말로 나를 광명의 세계로 이끄는 유일한 진리이니 나는 불퇴전의 마음으로 불법을 신봉하겠다는 대

결심입니다. 이 같은 결정심이 없으면 아무리 삼귀의(三歸依), 오계(五戒)를 받는다 하여도 진정한 불교인이라 할 수 없습니다.

그러므로 불교신행의 기초는 무엇보다도 먼저 바른 믿음, 간절한 믿음, 불퇴전의 믿음이 전제되어야 합니다. 절에서 백팔배, 삼천배 기도를 하는 것은 과거의 업장을 소멸해서 바른 믿음을 발현하게 해 줍니다. 그래서 스님들이 기도를 많이 하라고 하는 것입니다.

둘째는 부처님의 가르침에 대한 철저한 이해(解)입니다.

거짓을 거짓인지 모르고 따라가면 미신(迷信)이나 맹신(盲信)이 되기 쉽습니다. 불교에 대한 철저한 이해는 바른 믿음이 없이는 이루어지지 않습니다. 또한 바른 믿음은 불교에 대한 바른 이해에서 비롯되기 때문에 불교신행에 있어서 믿음과 깨달음은 수레의 두 바퀴와 같고 새의 두 날개와 같은 것입니다. 우리들은 아는 것만큼 믿고, 믿는 것만큼 알게 마련입니다. 따라서 평소에 경전을 가까이 두고 부처님의 말씀에 귀 기울이고, 정기법회에 참석해서 스님들의 법문을 새겨들어야 합니다.

셋째는 적극적으로 가르침을 실천하는 것(行)입니다.

굳센 믿음과 부처님의 가르침에 대한 바른 이해가 성숙되면 이에 대한 실천이 뒤따라야 합니다. 불교 신행은 머리나 입으로만 하는 것이 아닙니다. 적극적이고 구체적인 실천행이 따라야 합니다.

진리에 대한 확신을 생활 속에서 실천함으로써 나의 몸과 일체가 되는 것입니다. 실천행은 나의 피부와 피와 살과 머리털에 까지 부처님의 가르침에 대한 신념으로 가득 차도록 해 줍니다. 비록 그 진리를 확신한다 하더라도 이것을 실행하기는 쉽지 않습니다. 그래서 계속적으로 반복훈련을 해야 합니다. 매일 예불을 드리고, 매년 방생을 하고, 매년 보살계를 받고, 복지관에서 봉사를 하고 보시하는 이와 같은 반복훈련이 점점 깊어지면 언제 어디서나 법에 어긋나지 않는 진정한 불자의 삶이 됩니다.

넷째는 스스로 깨우쳐 원만한 삶(證)을 이루는 것입니다.

불교에 대한 바른 믿음과 철저한 이해에 따른 적극적 실천이 이루어진다면 마침내 원만한 삶을 누릴 수 있습니다. 이 같은 삶을 스스로 확인하며 편안하게 매일 살아간다면 아집과 편견, 무지와 욕망에서 오는 모든 번뇌가 사라져 부처님과 여러 보살님의 은혜에 보답하고, 세계일화의 대불사(大佛事)를 이루게 될 것입니다.

이 신해행증(信解行證)의 과정대로 닦아 가면 누구나 소원성취하게 되어 있습니다. 이 도리를 알고 나면 왜 절에서 매일 조석예불하고 그렇게 반복해서 기도를 하는지 이해가 될 것입니다.

여래
십대발원문

부처님의 가르침을 하나로 요약해 놓은 교리가 무엇인지 아십니까? 바로 고집멸도^(苦集滅道), 사성제입니다. 『천수경^(千手經)』의 여래십대발원문^(부처님께서 세우신 열 가지 서원)에도 사성제가 설해져 있음을 알 수 있습니다.

원하오니 삼악도를 영원히 떠나게 하소서.

원하오니 어서 빨리 탐진치를 끊게 하소서.

원하오니 불·법·승의 삼보를 항상 듣게 하소서.

원하오니 계·정·혜의 삼학을 애써 닦게 하소서.

원하오니 항상 부처님의 가르침을 따르게 하소서.

원하오니 보리심에서 물러나지 않게 하소서.

원하오니 결정코 극락세계 태어나게 하소서.

원하오니 속히 아미타 부처님을 친견하게 하소서.

원하오니 나의 분신이 온 법계에 나투게 하소서.

원하오니 모든 중생을 널리 제도하게 하소서.

먼저 원아영리삼악도는 사성제 중 고제(苦諦)에 해당하고, 원아속단탐진치는 집제(集諦)에 해당합니다. 그리고 영원히 삼악도를 벗어나기 위한 멸제(滅諦)로서 '원아상문불법승, 원아근수계정혜, 원아항수제불학, 원아불퇴보리심'이 나오고 이어서 도제(道諦)인 '원아결정생안양, 원아속견아미타, 원아분신변진찰, 원아광도제중생'이 이어집니다.

'원아영리삼악도, 원아속단탐진치'는 육도(六道)의 세계 중 지옥·아귀·축생의 세 가지 나쁜 세상에 빠져들지 않고, 바른 삶의 길로 나아가겠다는 원입니다. 이 삼악도는 엄밀히 말하면 다른 세상에 있는 것이 아니고 내 마음속으로부터 끝없이 일어나는 탐내는 마음·성냄·어리석음이 일어날 때 아귀도·축생도·지옥도가 열리는 것입니다. 그래서 탐·진·치의 마음에서 벗어나면 자동적으로 삼악도에서 해방되어 대자유를 얻게 되는 것입니다. 우리는 무수한 세월 동안 이 몸 안에 좋지 않은 습을 쌓아왔습니다. 내가 주인공이 되어서 이 나쁜 탐욕과 분노와 어리석음을 쫓아내야 합니다. 그래야 영원히 삼악도를 떠날 수 있습니다.

살다 보면 온갖 유혹과 욕망이 일어나고, 만족하지 못해서 화가 머리끝까지 치솟게 됩니다. 이것이 바로 내 스승인 줄을 알아야 합니다. 이 번뇌를 돌려놓아야 합니다. 번뇌를 스승으로 바꾸어 모시는 수행이 바로 참회입니다. 미혹덩어리를 대광명으로 바꾸는 것입니다. "아이고 내 허물이 참 크구나. 참 부끄럽구나. 제불보살님, 제가 지은 모든 허물을 참회합니다." 하고 영원히 삼악도를 떠나는 불사를 이루어야 합니다.

그렇게 하기 위해 '원아상문불법승' 하고, '원아근수계정혜' 하고, '원아항수제불학' 하고, '원아불퇴보리심' 하는 것입니다.

언제나 불법승 삼보에 대한 법문을 들어 불법승 삼보에 대한 믿음이 일어나게 하는 것이 첫 번째입니다. 그리고 불법승 삼보에 관한 법문을 행으로 옮기기 위해 계를 지키고 고요한 선정을 익히고 지혜를 닦고, 계·정·혜를 바르게 하기 위해서 부처님의 가르침 그대로 따르고자 하는 원을 세우는 것입니다. 여기에서 '원아상문불법승, 원아근수계정혜, 원아항수제불학'은 원아불퇴보리심(願我不退菩提心)함으로써 성취할 수 있습니다. 절대 부처님 법에서 물러서지 않겠다는 발원이 불법수행의 생명력이요, 원동력입니다. 이렇게 해서 마지막 단계인 도제(道諦)에 도달합니다.

시방세계의 모든 부처님은 이 십대발원에 의해 부처를 이루었습니다. 얼마나 논리가 정연합니까? 우리들 또한 성불하고자 한다면 이 열 가지 원을 발원하고 성취해야 하는 것입니다. 행복하기 위해 발원하고 윤회하지 않기 위해 불자는 마땅히 발원해야 함을 힘주어 말씀드리니 새겨들으십시오. 이렇게 발원할 때 생활 속의 세속적인 소원도 이루어지고 일신도 성불하게 됩니다.

항상
부처님을
생각하라

생활 속의 선(禪)을 강조한 마조 선사가 어느 날 대중들에게 도(道)에 대해 일렀습니다.

"여러 도반들이여! 도는 닦아 익힐 필요가 없다. 오직 더러움에 물들지만 않으면 된다. 그대들은 단번에 도를 이루고 싶은가. 평소의 마음이 바로 도이다. 지금 이렇게 걷다가는 멈추기도 하고 다시 앉아 있다가는 편안하게 눕기도 하는 일체의 움직임이 바로 도가 아님이 없는 것이다."

우리 불자들이 자주 듣고 있는 이 '평상심이 곧 도(平常心是道)'라는 말은 결코 허투루 생각할 수 없는 깊은 가르침이 스며 있습니다. 이 말의 뜻은 도는 이렇게 저렇게 수행을 해서 이루어지는 것이 아니라, 오고 가고 먹고 잠자는 일체의 행위가 그대로 도(道)라는 것을 깨달으라는 의미입니다.

그런데 이러한 법문이 잘못 왜곡되어서 수행하는 행위 자체를 부정하는 것처럼 변질된 바가 없지 않습니다. 그러다 보니 '어떻게 수행해야 합니까?' 하고 초심자나 후학들이 물으면 마치 다 안다는 투로 "수행이 별 건가, 밥 먹고 똥 싸는 게 그대로 도이지." 하고 대답을 합니다.

이래서 되겠습니까? 어떻게 수행하지 않고 깨닫는다는 말입니까? 물론 진리의 세계는 우리가 수행을 하든 안 하든 그대로 여여(如如)하게 있는 것입니다. 하지만 진리를 깨닫고 못 깨닫고는 역시 수행에 달려 있습니다.

마조 선사께서 위와 같이 '평상심이 곧 도(平常心是道)'라고 법을 설할 수 있게 된 것도 역시 수행을 통해 본래의 도를 깨달았기 때문입니다. 이미 깨친 사람은 천변만화하는 바깥 경계에 따라 움직이지 않지만 미혹 속에 잠겨 있는 중생들은 항상 경계에 따라 움직입니다.

그래서 늘 시비하고 분별하는 갖가지 욕망과 갈애가 요동칩니다. 그러니 밥을 먹어도 밥을 먹는 게 아니고, 잠을 자려고 누워도 제대로 잠을 잘 수 없습니다. '평상심이 도'인 줄 알면서도 될 수가 없습니다. 마음이 색·성·향·미·촉·법의 여섯 가지 경계에 물들어 있기에 도의 자리에 머무를 수가 없는 것입니다.

어디에도 물들지 않는 부처님 마음이 되어야 '평상심이 도'가 되는 것입니다. 갈 때나, 머무를 때나, 앉을 때나 누웠을 때나 어묵동정 간에 일어나는 마음을 관찰해서 청정무구한 본래 마음인 부처님 마음이 되어야 합니다. 심즉시불(心卽是佛)이 되어야 합니다. 순간순간 부처님을 생각하면서 언제나 심즉시불을 잃지 말고 무엇을 하든 어디에 있든 부처님을 생각하는 것입니다.

『화엄경』「정행품」에서 문수보살님은 보살이 평소에 어떤 마음을 가져야 하는지 자세하게 밝히고 있습니다. 간추려봅니다.

"불자여, 만약 보살이 청정하여 사물의 영향을 받지 않는 몸과 말과 뜻의 삼업(三業)을 성취하면 보살은 뛰어난 덕을 얻을 것입니다.

그 때 보살은 부처님의 바른 가르침과 마음이 일치할 것이며, 부처님께서 가르친 최고의 깨달음을 스스로 나타낼 수 있으며 중생을 버리지 않고, 분명하게 모든 사물의 실상(實相)에 도달하여 모든 악을 없애고 모든 선을 갖추어, 일체의 모든 사물에 자유자재하게 될 것입니다.

보살은 마땅히 이렇게 원을 세워야 합니다. …… 옷을 입을 때에는 모든 공덕을 입는다는 생각으로 항상 참회를 발원하고, 화장실에서 용무를 보면서 비우고 버리는 공덕을 생각하며 이같이 언제나 비우고 버릴 것을 바라고, 세수를 할 때에는 번뇌의 때도 이같이 씻어지기를 바라며, 반듯한 길을 갈 때에는 중생들이 마음이 곧고 발라 몸과 입에 조금도 굽음이 없으면 하고 바라고,

험한 길을 갈 때에는 중생들이 나쁜 길을 모두 버리고 그릇된 소견을 다 없앴으면 하고 바라야 합니다.

부드러운 과일을 보았을 때에는 불도(佛道)의 큰 실천을 일으켜 위없는 결과를 거두도록 바라고, 흐르는 물을 보았을 때에는 정법(正法)의 흐름을 타고 부처님 나라의 대해(大海)에 나가도록 하여야 합니다. 음식을 삼킬 때에는 선정(禪定)의 기쁨을 삼킨다는 마음을 갖고, 음식을 먹은 다음에는 공덕이 몸에 충만하여 부처님의 지혜를 완성하도록 해야 합니다……."

이렇게 일상생활 속에서 일어나는 마음을 그냥 흘려보내지 말고 순간순간 깨어 있고자 노력하는 것이 바로 수행입니다. 우리가 참선이나 염불, 주력을 할 때도 행주좌와 어묵동정에 끊임없이 해야지 절에 올 때만 하고 참선한다고 가부좌로 앉아있을 때만 해서는 공부가 무르익을 수 없는 것입니다.

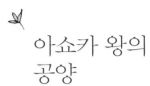

아쇼카 왕의
공양

　　부처님께서 완전한 열반에 드신 이후 인도
땅에서 불교를 발전시키는 데 가장 크게 공헌한 사람이 아쇼카
왕입니다. 아쇼카 왕은 한반도 면적의 50배 이상이나 되는 인도
를 통일한 후 제 3차 경전결집을 후원하고, 불교의 가르침에 의
지한 사회복지활동을 펼쳐 전 국민이 불교에 귀의할 수 있는 토
대를 만들었습니다. 또 계행이 어지러워진 교단을 정비하는 데
일조하였고, 스리랑카, 네팔 등에 이르기까지 국제포교도 활발히
전개했습니다.

　수많은 전쟁을 승리로 이끌어 통일국가를 건설한 아쇼카 왕
은 처음에는 포악한 전쟁광이었습니다. 어느 날 아쇼카 왕은 열
두 살 가량의 니그로다 사미가 절제된 걸음걸이로 조용히 길을
걷고 있는 것을 보았습니다. 아쇼카 왕은 니그로다 사미를 예사
롭지 않은 인물이라 생각하고 궁중으로 초대하여 공양을 올리고

자 하였습니다.

아쇼카 왕의 설법 요청을 받은 니그로다 사미는 '열반으로 가는 길과 윤회로 가는 길'을 설해 주었습니다. 이는 "주의 깊음은 열반으로 가는 길이다. 주의 깊지 않음은 윤회로 가는 길이다. 주의 깊은 사람은 윤회에 얽매이지 않는다. 주의 깊지 않은 사람은 이미 죽은 사람이다."라는 『법구경』의 가르침을 해설한 것입니다. 즉, 계행을 지키는 것을 주의 깊게 생각하고 실천하라는 이 가르침을 듣게 된 아쇼카 왕은 그 자리에서 개종하고 불교에 귀의했습니다. 불교도가 된 그는 '다르마'로 통치하는 모범적인 군주로 새로 태어났습니다.

여기서 사미의 품위 있는 걸음걸이에서 아쇼카 왕이 감동을 받은 점과 비록 갓 출가한 사미이지만 모범적인 계행, 가르침의 정확한 이해, 설득력 있는 설법 능력이 포교에 얼마나 중요한지 포교 일선에서 활동하는 스님과 포교사들은 기억해야 합니다.

아쇼카 왕의 기록은 인도 곳곳에 있습니다.

어느 날 부처님께서 모래밭에서 노는 아이들 옆을 지나가는데 승덕이라는 아이 하나가 소꿉장난하면서 여기는 창고고, 여기는 집이고, 여기는 안방이고 하면서 창고에는 밀가루를 쌓아놨다는 등 하면서 놀다가 지나가시는 부처님을 뵈었습니다. 그런데 부처님 모습이 참으로 거룩하시므로 창고에 있는 밀가루를 한 주먹 퍼서 부처님께 드리고 마음속으로 제가 부처님께 밀가루를 올린 공덕으로 앞으로 왕이 되었으면 좋겠다고 했습니다. 소꿉장난을 할 때 자기가 가장 중요하다 생각했던 밀가루를 부처님께 공양 올린 것입니다.

부처님께서는 그것을 받으시고 지긋이 웃으셨습니다. 아난존자가 그 옆에서 가만히 보고 있다가 부처님께서 빙긋이 웃으시는 까닭을 여쭈니 "내가 열반한 후 100년 뒤에 이 아이가 왕이 된다. 그런데 그는 나라를 참 잘 다스릴 것이다. 이 모래를 공양한 공덕으로 왕이 되어 팔만사천 탑을 세우고 우주를 빛나게 할 것이다."라고 하셨습니다.

마침내 어린 시절 세웠던 원력이 실현되어 아쇼카 왕이 되었던 것입니다.

오늘날 사회를 가만히 들여다보면 원을 세우지 않고 뭔가 이루고자 하는 욕심이 앞서서 벌어지는 일이 참 많습니다. 개인의 문제나 가정의 일상사를 비롯해 청소년문제, 폭력문제, 정치문제, 국제문제가 많은데 이런 우리 사회 문제의 대부분이 꾸준히 원력을 통해 달성하려 하지 않는 데서 발생합니다.

삿된 길을 통해 이루려고 하니까 문제가 발생하고 정신이 점점 황폐해져서 업장이 쌓이고 그 업장이 또 다른 업장을 만들어서 헤어나지 못하는 것입니다. 원을 세우고 그 원을 이루고자 정진하는 자세야말로 불자의 바른 생활자세입니다.

약 먹듯이
음식을
받아라

다음은 스님들이 공양할 때 외우는 오관상념게(五觀想念偈)입니다. 잘 새겨보면 이 속에도 큰 가르침이 있습니다.

이 음식이 어디서 왔는고. 내 덕행으로는 받기가 부끄럽네. 마음의 온갖 허물을 모두 버리고 육신을 지탱하는 약으로 알아 도업(道業)을 이루고자 이 공양을 받습니다.
한 방울의 물에도 천지의 은혜가 스며 있고 한 알의 곡식에도 만인의 노고가 담겨 있습니다.
이 음식으로 안으로는 성불의 보약으로 삼고 밖으로는 중생을 위하여 봉사하겠습니다.
중생들의 온갖 정성이 두루 쌓인 이 공양을 부족한 덕행으로 감히 공양을 받는구나.

시시각각 일어나는 탐심을 버리고 허물을 막아 바른 생각으로
육신을 지탱하는 약으로 알아 오로지 도업을 이루고자 이 공양
을 받습니다."

부처님께서 얼마나 자비로운 분이신지 부처님께서 유훈하신
『유교경』에 보면 우리 제자들이 음식을 대하는 법에 대해서도 자
상하게 말씀해 놓으셨습니다.

"너희 비구는 모든 음식을 받았을 때에 마땅히 약을 먹듯이 하
고, 좋고 나쁜 것을 따라 더하고 덜하지 말며, 몸을 유지하고 주
림과 목마름을 없애는 데에 맞도록 하라.
마치 꿀벌이 꽃을 지날 때에 오직 그 맛만을 취하고 그 빛깔이나
향기는 해치지 않는 것과 같이 비구도 그러하여, 남의 공양을 받
을 때에는 오직 괴로움을 없애기에 맞도록 하고 함부로 많은 것
을 구해서 그 착한 마음을 헐게 하지 말라.
또 마치 지혜 있는 사람이 소의 힘이 얼마만한가를 헤아려서,
너무 무거운 짐을 지워 그 힘을 다하게 하지 않는 것과 같이 할
지니라."

요즘 시중에는 서양음식인 패스트푸드로부터 온갖 음식들이
난무하는데 음식의 수만큼이나 음식에서 오는 병도 수없이 많습
니다. 음식에 대한 부처님의 말씀을 조금만 새겨들어도 건강도

챙기고 탐심을 절제하는 힘도 기를 수 있지 않나 하는 생각을 해
봅니다. 그리고 자라는 자식들에게도 어려운 법문은 놔두고 음식
에 대한 이러한 부처님의 말씀을 들려주면 일생 동안 큰 이익이
될 것입니다.

자식과
가족
포교하기

　　　　　다른 종교의 신자들에 비해 불자들은 포교
에 등한합니다. 심지어 자기 자식이나 가족에게도 불교를 믿으라
고 권하는 분들이 별로 없는 것 같습니다. 부처님께서 깨달음을
이루시고 나서 반열반에 드시기 직전까지 45년 세월 동안 길을
가시다가도, 정사에 머무르실 때도 쉬지 않고 만나는 사람에게
법을 설하신 것을 생각하면 부끄러운 일이 아닐 수 없습니다.

　좋은 일이 있을 때 먼저 자기와 가장 가까운 가족에게 알리는
것은 자연스러운 일입니다. 불자들이 부처님 말씀이 좋고 절이
좋은 줄을 알면서도 이끌지 못하는 것은 절에 다니기는 해도 확
실하게 부처님의 가르침이 좋은 줄을 모르고 있거나 또는 그 방
법을 모르기 때문이라 생각됩니다.

　먼저 부처님 법이 왜 좋은지 그 가르침을 되새겨 보아야 합

니다. 부처님의 가르침은 단순히 현세의 행복을 받기 위함이 아닙니다. 부처님께서는 현세의 행복에서 더 나아가 중생계의 운명적인 고통을 다시는 되풀이하지 않는 인생의 진수를 가르치고 있습니다. 동서고금을 살펴보아도 이보다 더 좋은 가르침은 없습니다. 이보다 맛있는 음식은 없습니다. 이 맛난 음식을 가족과 나누어야 하지 않겠습니까?

그렇다면 어떻게 포교하면 될까요?

다른 종교처럼 무조건 집회에 나오라고 강권하면 될까요?

제일 좋은 것은 모태신앙입니다. 아기를 잉태했을 때부터 몸가짐을 바로 하고 부처님께 기도하며 아기를 키우고 출산한 후에는 부처님의 말씀이나 이야기를 들려주면 자연스럽게 포교가 될 것입니다. 그렇게 되면 복잡한 교리를 들어 불교를 설명하지 않아도 됩니다. 그 아이는 부모님의 독실한 신앙을 본받아 자연스럽게 자라서 불교도가 될 것입니다.

그렇지만 어떤 경우든 무엇보다 부모가 불교에 대해 잘 알고 있어야 합니다. 부처님이 무엇을 가르쳤는지 잘 알고 그 가르침대로 살아가면 그 모습 그대로 훌륭한 포교가 되기 때문입니다.

"사람들에게 가엾이 여기고 사랑하는 마음을 내어라. 그리하여 상대가 너의 말을 듣고 즐겁게 받아들이거든 그 때 그들을 위해 네 가지 무너지지 않는 깨끗한 믿음을 설명하여 그들로 하여금 거기에 들어가 머무르게 하라. 네 가지란 불·법·승·계이다." -『잡아함경』

위의 부처님 말씀에서 우리는 불교의 포교방법을 잘 알 수 있습니다. 불교를 권하기 전에 포교대상의 마음을 먼저 열어야 한다는 것입니다. 그러려면 나 자신이 할 수 있는 한 최대한 베풀어야 하고(보시), 말을 할 때도 진실하고 다정하게 하며(애어), 타인이 이롭도록 행동하고(이행), 자식이나 가족 등 포교하려는 사람이 하는 일을 이해하고 같이 행동을 해야 할 것(동사)입니다.

이 네 가지가 포교하는 방법입니다. 부모가 이 네 가지를 자식에게 먼저 실천하면 자식은 부모의 종교를 기꺼이 자신의 믿음으로 받아들일 것입니다. 남편이나 아내도 이와 같이 하면 분명히 불자가 될 것입니다. 포교는 어려운 교리를 설명하는 것만이 능사가 아닙니다. 우리 스스로 진실한 불자, 부처님 말씀 따라 살아가는 사람이 되어야 합니다.

6월

지혜는 행복한
삶의 주춧돌

세상에 평탄한 길은 없습니다.
정도의 차이는 있을지 몰라도 누구에게나 힘든 길입니다.
단지 자기 마음에 꼭 맞는 구두를 찾아 발을 감싸고 걸으면 됩니다.
내 발에 꼭 맞는 구두를 찾는 일이 지혜입니다.
불교는 삶의 지혜를 찾게 해 주는 종교입니다.

영혼을
기다려주는
인디언

　　누구나 일상의 삶속에 빠져서 바쁘게 살아
가다 보면 자신의 참 모습을 잊어버리고 살 때가 많습니다. 어디
로 흘러가는지도 모르고 세월만 보내면 아쉬움과 후회가 밀려오
게 마련입니다. 나는 후회 없이 잘 살았다고 말할 수 있는 삶을
살아야 하는데, 어떻게 해야 할까요? 앞만 보고 달리지 말고 가
끔씩 돌아보며 길을 가면 됩니다.

　　옛날 인디언들은 말을 타고 달리다가 가끔 멈추어 서곤 했답
니다. 그들은 자신의 영혼이 혹시 따라오지 못하고 뒤처져 있을
까봐 잠시 기다렸다 다시 달렸다고 합니다. 생각하면 실소를 금
할 수 없지만, 그 속에 깊은 뜻이 있습니다. 영혼을 기다리는 멋
입니다.

　　혹여 우리는 우리의 영혼에 대한 배려를 잊고 사는 것은 아닙

니까? 영혼은 내팽개치고 육신만 미친 듯이 앞만 보고 달리다 진정 소중한 것을 다 놓치고 마는 어리석음을 저지르고 있지는 않습니까? 영혼과 동행하지 못하고 언제나 영혼이 부르는 소리를 귀담아 듣지 않고 혼자 달려가고 있지는 않습니까?

인생을 잘 살았다는 사람들을 보면 후회가 없습니다. 사람으로 태어나 사람답게 도리를 다하고 산 사람은 마지막에 웃을 수 있습니다. 죽음도 두렵지 않습니다. 편안하게 입가에 미소를 지으며 눈을 감을 수 있습니다. 그러나 영혼의 소리를 듣지 않고, 외면하고 살아온 사람은 지나간 삶이 아쉽습니다. 삶에 대한 애착을 버릴 수가 없습니다. 그러니 죽음이 눈앞에 도달했는데도 놓을 줄 모르고 여전히 목말라 합니다.

후회하지 않는 삶을 살려면 늘 깨어 있어야 합니다. 자신의 영혼과 늘 대화하면서 자신을 바른 길로 인도해야 합니다. 달리면서도 가끔 서서 자신을 돌아보아야 합니다. 어떻게 달려 왔는지, 어디로 달리고 있는지 살펴보고 고칠 것이 있으면 그 때부터 고치면 됩니다.

나이 탓, 건강 탓을 하지 마십시오. 우리는 영원히 사는 존재입니다. 죽음이 없습니다. 그러니 지금 이 순간을 열심히 잘 살아야 합니다. 나의 길은 누가 대신해 줄 수 없습니다.

사람은 누구나 운명의 자루를 짊어지고 다닙니다. 그 속에는 똑같은 수의 행복의 돌과 불행의 돌이 들어 있다고 합니다. 지금까지 행복의 돌보다는 불행의 돌을 더 많이 꺼냈다고 한다면 남은 인생에서는 행복의 돌을 더 많이 끄집어낼 수 있는 희망이 있습니다. 희망은 노력하는 사람을 결코 비켜가는 법이 없습니다.

우리에겐 아직 살아갈 시간이 남아 있습니다. 늦었다고 하는 말은 핑계일 뿐입니다. 설령 실패했다고 하더라도 그 실패는 성공을 위한 과정일 뿐입니다. 나 자신의 영혼을 일깨워 행복의 길로 나아갑시다.

쓸모없는
사람은 없다

우리나라 속담에 보면 참 재미있는 말이 많습니다. "아는 게 힘이다.", "무식이 죄다."라는 말이 있는가 하면 "모르는 게 약"이라는 말도 있습니다. 도대체 아는 게 좋다는 말인지, 모르는 게 좋다는 말인지 아리송합니다.

이와 비슷한 유형의 속담은 아주 많습니다.

"될 성 부른 나무는 떡잎부터 알아본다."는 말도 있고, "대기만성(大器晚成)이다."라고도 합니다. "오르지 못할 나무는 쳐다보지도 말라."면서 말리는가 하면, 또 "열 번 찍어 안 넘어 가는 나무 없다."며 도전하라고 격려해 주기도 합니다. 어떻게 생각하느냐, 어떤 시각으로 보느냐에 따라서 세상은 달라진다는 것입니다.

옛날 유명한 중국의 철학자 '장자'가 친구 '혜자'와 한참 이야기를 하고 있는데 혜자가 장자에게 면박을 줍니다.

"자네 말은 모두 다 쓸데없는 말이야."

그러자 장자가 반박합니다.

"자네가 쓸데없음을 알기에 내 얘기는 '쓸데 있는 것'이네. 예를 들어 이 땅 위에 자네가 서 있는 자리, 즉 설 수 있는 땅은 겨우 발바닥 밑 땅뿐이지. 그렇다고 나머지는 모두 필요 없는 것이라고 할 수 있는가? 발바닥 이외의 땅을 다 파 버리면 자네가 선 땅덩어리는 어찌 되겠는가?"

쓸모 있는 것만 남기겠다 하여 자신이 서 있는 자리를 제외한 모든 땅을 다 파내면 어떻게 되겠습니까? 꼼짝달싹할 수 없을 것입니다. 그뿐 아니라 결국 자신이 서 있는 땅도 무너지고 말 것입니다. 이와 같이 쓸모 있음은 쓸모 없음의 기초 위에 세워지는 것입니다. 사람들은 자기에 대한 자만심에 쉽게 빠져서 남을 업신여기는 경우가 많습니다. 뜻이 맞지 않는다고 치고 박고 싸우면서 서로 지구에서 사라지라고 저주의 말을 퍼붓기도 합니다.

부처님께서 무어라 가르치셨습니까?

"이것이 있으므로 저것이 있고, 저것이 있으므로 이것이 있다."고 하시지 않았습니까? 상대적 가치로 세상을 봐야 합니다. 절대적인 자기만의 우월성은 존재하지 않습니다. 상대적인 우월성일 뿐입니다. 쓸모 없다는 것, 쓸모 없어 보이는 사람도 언젠가는 쓸모 있는 것, 쓸모 있는 사람이 될 수 있습니다. 한 번 더 생각해 보면 정말 쓸모 있는 사람일 수도 있습니다. 기업에서 사람이 필요 없다고 내 보낼 때도 한 번 더 생각해 볼 필요가 있습니다. 물건을 내버릴 때도 한 번 더 생각해 봐야 합니다.

요즘엔 사오정이라 하여 한참 일할 나이에 회사에서 내몰리는 사람도 많고, 청년실업도 큰 문제로 다가오고 있습니다. 세상에 아무 소용이 없는 사람이라고 희망을 잃고 자포자기하는 분들도 많습니다. 절망에 빠지기 전에 '정말 내가 필요한 곳이 없을까' 하고 희망을 갖고 한 번 더 생각해 보십시오.

생각을 조금만 달리 하면, 내 안에 숨어 있는 장점을 발견할 수 있습니다. 작은 일에서부터 나의 고정되고 편협한 생각, 부정적인 생각을 벗어야 합니다. 살아가면서 단편적으로 한 쪽에서만 바라보고 생각하는 일이 얼마나 많습니까? 그런 부정적이고 편협한 생각이 가장 큰 장애입니다. 자신을 속박하고 불행하게 만드는 단초입니다.

생각을 바꾸면 희망이 보입니다.

'내가 필요한가, 필요없나?'를 따지기 전에 여유를 가지고 다른 각도에서, 넓은 시각으로 사람을 보고, 사물을 보고 스스로를 돌아보는 유연함을 가져야겠습니다.

"이것이 있으므로 저것이 있고, 저것이 있으므로 이것이 있다."는 부처님 말씀을 생각하면 마음에 여유가 생깁니다.

구두
이야기

옛날에 으스대고 뽐내기를 좋아하는 왕이 있었습니다. 그런데 왕은 외출할 때마다 발에 먼지가 묻는 것이 싫어서 종종 화를 내곤 하였습니다. 급기야 왕은 신하들에게 명령을 내렸습니다.

"내가 다니는 모든 길에 쇠가죽을 깔아라."

이 소문은 삽시간에 전국으로 퍼졌습니다. 백성들은 어떻게 이런 어리석은 명령을 내릴 수 있느냐며 배꼽을 잡고 웃었습니다. 그러나 왕은 이 명령을 거둘 생각은 하지 않고 오히려 길에 쇠가죽을 깔지 않으면 엄한 벌을 내리겠다고 했습니다.

나라 안의 소를 다 잡는다고 해도 왕이 다니는 길에 쇠가죽을 다 깔 수는 없는 노릇이었습니다. 신하들이 해결방법을 찾지 못해 고민하고 있는데 어떤 사람이 와서 문제를 해결하겠노라며 왕을 만나고 싶다고 했습니다.

그가 왕 앞에 가더니 이렇게 말했습니다.

"대왕마마, 온 땅을 쇠가죽으로 덮는다는 것은 불가능한 일입니다. 온 세상 소를 다 잡아도 그렇게 못합니다. 그러나 제게 폐하께서 발에 먼지를 묻히지 않고 다니시게 할 좋은 방법이 있습니다. 그것은 폐하의 발을 쇠가죽으로 보호하면 되지 않겠습니까? 그것으로 폐하의 발을 잘 싸고 다니면 먼지도 묻지 않을 것이고 상처도 나지 않을 것이라고 생각합니다."

이 말을 들은 왕은 무릎을 쳤습니다.

"그것 참 좋은 생각이다."

이렇게 해서 구두가 생기게 되었다고 합니다.

세상에 평탄한 길은 없습니다. 세상은 정도의 차이는 있을지 몰라도 누구에게나 힘든 길입니다. 단지 자기 마음에 꼭 맞는 구두를 찾아 발을 감싸고 걸으면 됩니다. 내 발에 꼭 맞는 구두를 찾는 일이 지혜입니다. 불교는 이와 같은 삶의 지혜를 찾게 해 주는 종교입니다.

해거름과
도깨비

이 세상에는 제 잘난 맛에 사는 사람들이 많습니다. 그들은 진리와는 동떨어진 채 자신이 어디로 가는 지도 모르고 욕망대로 살아갑니다. 그들은 믿음을 헛된 망상으로 치부합니다. 하나의 비유가 있습니다.

옛날 어느 나라에 아름다운 공주가 살았습니다. 공주가 얼마나 예뻤던지 공주의 얼굴을 한 번만이라도 보려는 사람들이 셀 수 없었습니다. 그런데 이웃나라의 도깨비가 이 소문을 듣고 자기의 신통력으로 공주를 데려가고자 공주의 처소로 숨어들었습니다. 마침 뜰을 거니는 공주를 본 도깨비는 하늘에서 내려온 선녀 같아 넋을 잃을 정도였습니다.

해가 지려고 하자 공주를 호위하던 무사가 말했습니다.

"마마, 이제 해거름이 찾아오니 안으로 들어가시지요."

이 말에 공주와 시녀는 물론 모든 무사들도 안으로 들어갔습니다. 도깨비는 생각했습니다. '해거름이라는 놈이 얼마나 무서우면 모두 집안으로 숨는 걸까?'

도깨비는 어두워지면 공주를 업어가려고 잠시 마구간에 들어가 말로 변신했습니다. 그 때 도둑이 마구간에 살며시 들어왔습니다. 도깨비가 보니 어두운 마구간에 들어온 도둑이 바깥의 불빛에 비쳐 어른거리자 필시 이놈이 해거름 괴물이라 생각하였습니다.

이때 도둑이 어둠속에서 더듬거리다가 도깨비가 변신한 말의 꼬리를 붙잡자 너무나 놀란 도깨비는 '내가 여기 둔갑해 숨은 것을 어떻게 알았을까. 이놈은 정말 무서운 놈이다. 다른 날 다시 오자.' 하고 힘차게 발길질을 하며 달아나기 시작했습니다. 그러자 엉겁결에 도둑도 놀라 말 등에 찰싹 붙었습니다. 마구 달린 도깨비는 간신히 자기가 사는 동굴에 도착해 웅덩이에 도둑을 내동댕이쳤습니다.

도깨비가 땀을 흘리며 주저앉자, 나무에 있던 원숭이가 쪼르르 내려왔습니다.

"아니 도깨비 형님, 무슨 일로 그리 놀라십니까?"

"말도 마라. 난생 처음 만난 해거름이라는 놈을 만나 밤새 달려 저 웅덩이에 떼어놓았단다."

"에이, 해거름은 해지는 석양을 말하는데 그런 괴물이 어디 있어요?"

"내 말을 못 믿겠다는 말이냐? 그럼 저 웅덩이 속을 보아라."

원숭이는 도깨비의 말을 비웃으며 웅덩이에 긴 꼬리를 내려 휘휘 흔들었습니다. 한편 웅덩이 속의 도둑은 어떻게 이 깊은 웅덩이를 빠져 나갈까 궁리하던 차에 위에서 새끼줄 같은 것이 내려오자 덥석 붙잡고 매달렸습니다. 갑자기 뭔가 묵직한 게 붙잡자 이번에는 원숭이가 깜짝 놀랐습니다.

"도깨비 형님, 살려주세요!"

도깨비는 두려움에 떨며 원숭이를 잡아당겼습니다. 그 순간 뚝 하며 원숭이 꼬리가 끊어졌습니다. 그래서 그 이후로 원숭이 엉덩이가 벌겋게 되었고 꼬리는 짧아졌다고 합니다.

뭐가 뭔지도 모르고 잘난 척하는 도깨비는 욕심에만 눈이 멀어 세상의 진리에 눈 먼 사람을 비유한 것이고, 원숭이는 남의 일에 쓸데없이 끼어들어 잘난 체하다 화를 당한 사람을, 그리고 도둑은 땀 흘려 대가를 얻으려고 하지 않고 남의 것을 탐내다 화를 당한 사람을 비유한 것입니다.

부처님께서는 "이 세상에서 으뜸가는 재산은 믿음이고, 덕행이 두터우면 안락해지고, 진실이 맛 중의 맛이며 지혜롭게 사는 것이 최상의 생활"이라 하셨습니다.

곰을 잡은
할머니와 청년

옛날에 어떤 할머니가 큰 나무 밑에 잠시 누워 쉬고 있었습니다. 그렇게 얼마 동안 쉬고 있던 할머니가 문득 기분이 이상해 눈을 떴는데 깜짝 놀랐습니다. 커다란 곰 한 마리가 할머니를 노려보며 두 발을 번쩍 치켜들고 있었기 때문입니다. 마침 그 때 눈을 떴으니 다행이지 하마터면 큰일 날 뻔 했습니다.

할머니는 황급히 일어섰습니다. 그리고 재빨리 몸을 피했습니다. 하지만 곰도 할머니를 따라 움직이기 시작했습니다. 할머니는 딱히 도망갈 수가 없어 나무를 빙빙 돌며 곰을 피했습니다. 곰도 할머니를 쫓아 나무를 빙빙 돕니다. 누가 보면 할머니와 곰이 술래잡기를 하는 것 같겠지만 생사가 걸린 문제입니다. 나무를 사이에 두고서 빙빙 돌며 서로 쫓고 쫓기고 있었습니다.

한참을 그렇게 빙빙 돌다가 곰이 나무에 한쪽 발을 짚고 다른 쪽 발로 할머니를 치려고 하는 순간 할머니는 한 손으로 잽싸게 나무를 짚은 곰의 앞발을 눌렀습니다. 순간적으로 곰이 당황해하는 사이에 다른 쪽 앞발 하나마저 얼른 붙잡아서 나무에 대고 눌렀습니다. 힘이 장사인 할머니였는지 급하니까 힘이 불끈 솟았는지는 모르겠습니다. 여하튼 나무를 사이에 두고 곰의 앞 발 두 개를 할머니가 두 손으로 힘껏 누르고 있는 상황입니다.

할머니는 점점 힘이 빠졌습니다. 그런데 마침 어떤 남자가 그 나무 곁을 지나가고 있었습니다. 할머니는 '옳구나!' 하고 얼른 그를 불렀습니다.

"젊은이! 나 좀 도와주구려. 내 대신 이 곰 앞발을 잡아주면 그 사이에 내 얼른 이 녀석을 잡을 테니 우리 둘이서 고기를 나눠 먹읍시다."

청년은 곰을 잡아서 나누어주겠다는 말에 얼른 할머니 대신 곰의 앞발을 자기 손으로 힘껏 눌렀습니다. 그 때 할머니는 "걸음아 날 살려라." 하고 줄행랑을 쳤습니다. 동네 사람들은 이 청년을 두고 '바보 멍청이'라며 비웃었습니다.

『백유경』에 나오는 이야기입니다.

오늘날 이 땅에는 다양한 종교와 사상이 정신세계를 이끌고 있습니다. 저마다 자기들의 주장이 절대적인 구원처라고 소리를 높이고 있습니다. 그 중에는 사람들을 바른 방향으로 이끄는 소리도 있지만 오히려 미혹의 구렁텅이로 빠뜨리는 소리도 많습니다. 위의 이야기에 나오는 할머니가 바로 미혹한 세계로 이끄는 사람을 비유한 것입니다.

그리고 세상에는 그런 삿된 유혹에 솔깃해서 우왕좌왕하다가 재산만 축내고 패가망신하는 사람도 많습니다. 바로 위의 청년을 비유한 것입니다. 특히 주부들은 "아들과 남편이 잘 되려면 무엇을 해야 된다.", "무엇을 하지 않으면 죽는다."는 말에 마음이 흔들려서 쉽게 사교(邪敎)에 빠져드는 경우가 많습니다.

우리 중생계에서 아무리 살펴봐도 부처님의 정법 외에는 의지할 만한 곳이 없습니다. 왜냐하면 부처님의 가르침만이 변하지 않는 청정무구한 진리이기 때문입니다. 우리의 행복은 반드시 무상하지 않은 진리에서 찾아야 합니다. 그렇기 때문에 부처님께서도 "오로지 법에 의지하라."고 하셨습니다. 교활한 할머니도, 귀 얇은 청년도 경계해야 합니다. 곰에 밟혀 죽을 수도 있습니다.

*『그리운 아버지의 술냄새』(이미령 지음) pp.228~229 차용

미래는 결코
그냥 오지 않는다

황새 한 마리가 긴 다리와 긴 목을 한껏 뽐내며 우아한 몸짓으로 개울을 따라 걷고 있었습니다. 황새는 따뜻한 햇살과 시원한 바람을 맞으며 맑은 물속에서 헤엄치는 물고기들을 바라보니 기분이 좋았습니다.

황새에게 있어서 물속의 고기를 잡는 일은 그저 일상의 쉬운 일이었습니다. 더구나 마침 잉어 떼가 물가로 몰려오고 있어서 그냥 긴 부리로 물기만 하면 잡을 수 있었습니다. 황새는 잉어를 잡으려다가 잠시 생각했습니다.

'지금 잡아먹어도 좋겠지만 좀 더 배가 고파진 후에 먹으면 더 맛있겠지?'

얼마 후 다시 잉어를 잡으려고 강가로 갔습니다. 그러나 잉어 떼는 자취를 감추고 가물치 몇 마리만 보였습니다.

'이게 뭐야. 내가 형편없는 가물치 식사를 할 수 있나. 좀 더

기다리면 좋은 먹이가 생길 거야.'

황새는 황새 체면에 가물치를 먹을 수는 없다고 생각하며 가물치를 잡지 않았습니다. 그 순간 뱃속에서 꼬르륵 기별이 왔습니다. 그래도 가물치는 아니라는 생각에 참았습니다. 얼마 지나지 않아 이번에는 황새 앞으로 피라미가 지나갔습니다.

'아니 이건 또 뭐야 피라미? 이 황새님이 이런 잡스런 음식을 먹다니 말도 안 되지.'

황새는 정말이지 피라미를 잡아먹는 것은 말도 안 된다는 생각을 했습니다. 날은 점점 어두워지고 배는 더욱 고팠습니다. 허기가 져서 쓰러질 지경에 이르렀습니다. 그러나 황새 앞에는 이제 잉어도, 가물치도, 심지어 피라미 한 마리도 보이지 않았습니다.

우리는 가끔 10년, 20년 후에 내가 어디서 무엇을 할까 하는 상상을 합니다. 그리고 대부분 지금보다 나아진 모습을 생각합니다. 지금 내 곁에 있는 것은 언제나 변함없이 내 곁을 떠나지 않으리라고 생각합니다. 돈도, 명예도 사랑스런 가족도 언제나 내 곁에 있으리라는 어리석은 믿음을 가지고 있습니다. 그러나 미래는 결코 그냥 다가오지 않습니다.

한 마리의 새가 어미의 품을 떠나 하늘을 높이 날기 위해서는 거센 바람 속에서 끊임없이 나는 연습을 해야 하듯이 우리의 찬란한 미래도 수많은 시련과 극복의 과정 없이는 이루어지지 않습니다. 인생에 반드시 세 번의 기회가 온다고 합니다. 이 기회는 그 때가 왔을 때 쟁취할 수 있도록 항상 준비하며 현실을 충실하게 보내라는 의미입니다.

자신을 지나치게 믿고 꾀를 부리거나 빈둥거리다가는 나중에 곤경에 처할 수 있습니다. 제 꾀에 제가 넘어간다는 말입니다.

황금 독사의
교훈

　　부처님께서 제자 아난 존자와 길을 가시다
가 "아난아, 독사다. 독사."라고 하셨습니다. 이에 아난 존자 역시
"예! 부처님, 독사가 있군요." 하고 지나가는데, 근처에서 밭일하
던 농부가 두 분의 말씀을 듣고 두 분이 지나간 길을 확인해 보니
독사는 없고 한 덩어리의 황금덩이가 있는 것이 아니겠습니까?

　　"이런 횡재가 있나? 이제 나도 부러울 게 없는 부자가 되었
다."

　　농부는 기뻐서 어쩔 줄을 몰랐습니다. 그런데 농부가 갑자기
큰 부자가 되자 곧 소문이 퍼져 왕궁에까지 이르렀습니다. 한편
왕궁에서는 잃어버린 금덩이를 찾고 있었는데 마침 이 소문을 접
하게 되자 그 농부가 범인인 줄 알고 군졸들을 보내 농부를 잡아
갔습니다. 누군가 왕궁의 금덩이를 훔쳐가다가 한 덩이를 떨어뜨
린 것인데, 농부는 졸지에 범인으로 몰려 나머지 황금까지 다 내

놓으라고 문초를 당하게 된 것입니다.

아무리 자기가 훔치지 않았다고 해도 믿지 않으니, 농부는 너무나 억울한 나머지 정신이 반쯤 나가 부처님과 아난 존자의 말만 반복했습니다. 부처님과 아난 존자의 말을 반복하는 농부를 이상히 여기고 사실을 확인한 관리 덕분에 농부는 풀려나게 되었습니다. 이렇듯 우여곡절 끝에 간신히 위기를 모면한 농부는 그때서야 비로소 "아난아! 독사다." 하신 부처님 말씀의 깊은 뜻을 알 수 있었습니다.

"황금을 보기를 돌같이 하라."는 말이 있듯이, 부처님께서는 물질에 대한 과욕을 경계하셨습니다. 물질은 분명 우리들 육신을 편안하게 해 줍니다. 물론 부처님께서도 이 점을 잘 알고 계십니다. 그렇지만 물질이 설령 우리를 편하게 해 주더라도 그 물질에 탐닉해 절제하지 못함으로써 일어나는 여러 가지 고통 또한 무서운 것이기에 그것을 경계하라고 말씀하신 것입니다.

우리는 물질이나 쾌락 외에도 정신적·종교적인 것을 필요로 합니다. 이 정신적·종교적인 것도 물질의 도움을 받지 않을 수 없습니다. 그러므로 정신적이고 종교적인 면에서도 행복을 원하는 사람들의 목표를 달성하기 위해 물질을 무조건 속되다고 팽개칠 것은 아닙니다. 물질을 합리적으로 운용할 수 있는 지혜로 물질을 잘 쓰는 일이 중요합니다.

물질이나 금전에 대해 집착하지 말라는 부처님의 가르침을 오해하는 경우가 많습니다. 불자들 가운데 이 말씀을 무조건 물질에 초연하라는 가르침으로 받아들이는 분이 많은데 이것은 잘 못된 견해입니다. 불자도, 불교교단도 풍요로우면 베풀 수 있는 여력이 많아집니다. 재산을 잘 회향하는 것이 보살의 길입니다.

아프리카 같은 외국으로 눈을 돌리지 않더라도 오늘날 어려움에 처한 이웃은 우리 주변에도 아주 많습니다. "소도 비빌 언덕이 있어야 비빈다."는 속담이 있습니다. 아무리 발버둥을 쳐봐도 자기의 능력으로 어찌할 수 없는 한계상황에서 살아가는 사람들에게 언덕이 되어주어야 합니다. 그들에게 우리 불자들이 조금이나마 따뜻함을 나눈다면 물질은 행복의 씨앗이 되어 퍼져나갈 것입니다.

우리는 물질을 행복의 씨앗으로 가꿀 수도 있고, 고뇌와 슬픔의 업장으로 짐질 수도 있습니다. 물질이 문제가 아니라 우리 자신의 주인공이 문제임을 명심하고 항상 이 마음자리를 지혜롭게 운전해 가야 하겠습니다.

거울에
자신을
비추어 보라

『아함경』에 보면 부처님께서 거울로써 라훌라를 가르치는 장면이 나옵니다.

"라훌라야, 거울은 뭐하는 데 쓰는 거냐?"

"비춰보는 데 씁니다. 부처님."

"마찬가지로 라훌라야, 반복해서 네 자신을 비추어 돌아본 후에 행동을 해야 하고, 반복해서 네 자신을 비추어 돌아본 후에 말을 해야 하고, 반복해서 네 자신을 비추어 돌아본 후에 생각을 하여야 한다."

"라훌라야, 네가 행동을 하려고 할 때 이와 같이 네 자신을 돌아보아야 한다. '내가 하려고 하는 행동이 나에게 해로움을 주지 않을까? 또는 남에게 해로움을 주지 않을까? 또는 나와 남 모두에게 해로움을 주지 않을까? 혹시 이 행동이 좋지 못한 행동으로 고통스러운 결과를 가져오지는 않을까?'라고 돌아보아야 한다.

네가 비추어 보고서 만일 '내가 하려고 하는 행동이 나에게 해로움을 주겠구나. 또는 남에게 해로움을 주겠구나. 또는 나와 남에게 모두 해롭겠구나. 이 행동은 좋지 못해 고통스러운 결과를 가져오겠구나.'라고 안다면 그런 행동은 해서는 안 된다.

그러나 네가 비추어 보았을 때 만일 '내가 하려고 하는 행동이 나에게 해롭지 않겠다. 남에게도 해로움을 주지 않겠다. 나와 남 모두에게 해로움을 주지 않겠다. 이 행동은 착한 행동이라 행복한 결과를 가져오겠구나.' 싶으면 그런 행동은 해도 좋다.

또한 라훌라야, 네가 행동을 하고 있을 때에도 이와 같이 네 자신을 돌아보아야 한다. '내가 지금 하고 있는 행동이 나에게 해로움을 주고 있는가? 또는 남에게 해로움을 주고 있지는 않은가? 나와 남 모두에게 해로움을 주고 있지는 않나? 혹시 이 행동이 좋지 못한 행동이라 고통스러운 결과를 가져오지는 않을까?'라고 돌아보아야 한다.

네가 비추어 보았을 때 만일 '지금 행동이 나에게 해로움을 주고 있다. 또는 남에게 해로움을 주고 있다. 나와 남 모두에게 해로움을 주고 있다. 이 행동은 좋지 못한 행동으로 고통스러운 결과를 가져온다.'라고 알면 즉시 그런 행동은 해서는 안 된다.

그러나 네가 비추어 보았을 때 만일 '지금 행동이 나에게 해로움을 주지 않는다. 남에게 해로움을 주지 않는다. 또는 나와 남 모두에게 해로움을 주지 않는다. 이 행동은 선한 행동으로 행복한 결과를 가져온다.' 싶으면 그런 행동은 계속 해도 좋다.

또한 라훌라야, 네가 행동을 한 후에도 이와 같이 네 자신을 돌아보아야 한다. '내가 한 행동이 나에게 해로움을 가져오지는 않았나? 남에게 해로움을 주지는 않았나? 또는 나와 남 모두에게 해로움을 주지는 않았나? 혹시 이 행동이 좋지 못한 행동으로 고통스러운 결과를 가져오지는 않았을까?' 하고 돌아보아야 한다.

네가 비추어 보았을 때 만일 '내가 한 행동이 나에게 해로움을 주었다. 또는 남에게 해로움을 주었다. 또는 나와 남 모두에게 해로움을 주었다. 이 행동은 좋지 못한 행동으로 고통스러운 결과를 가져왔다.' 싶으면, 그 때는 그런 행동을 함께 수행하는 지혜로운 동료나 스승에게 고백하고 드러내 보여야 한다. 그런 행동을 고백하고 드러내 보이고 열어 보이기 때문에 앞으로 조심하게 된다.

그러나 네가 비추어 보았을 때 만일 '내가 한 행동이 나에게 해로움을 주지 않았다. 또는 남에게 해로움을 주지 않았다. 또는 나와 남 모두에게 해로움을 주지 않았다. 이 행동은 선한 행동으로 행복한 결과를 가져왔다.'라고 안다면, 그 때는 행복하고 기쁘게 지내게 되고 밤낮으로 그 좋은 행을 닦아야 한다.

행동할 때와 마찬가지로 말하려고 할 때에도, 말하는 동안에도, 말한 후에도, 행동할 때와 똑같이 자기 자신을 돌아보고 비추어 본 후에 말을 하여야 한다.

행동할 때와 마찬가지로 생각하려고 할 때에도, 생각하는 동안에도, 생각한 후에도, 행동할 때와 똑같이 자기 자신을 돌아보고 비추어 본 후에 생각을 하여야 한다.

그러므로 라훌라야, 너는 이와 같이 단련하여야 한다. '나는 내 행동을 반복하여 돌아봄으로써 행동을 깨끗이 할 것이다. 나는 내 말을 반복하여 돌아봄으로써 말을 깨끗이 할 것이다. 나는 내 마음을 반복하여 돌아봄으로써 마음을 깨끗이 할 것이다.'

이것이 바로 어떻게 너 자신을 단련해야 하는지에 대한 가르침이다."

부처님께서는 라훌라에게 과거의 모든 수행자들도 이렇게 되풀이해서 비추어 본 후에 생각하고, 말하고, 행동하여 그들의 생각과 말과 행동을 깨끗하게 하였다고 하시면서 현재의 모든 수행자와 미래의 모든 수행자도 이렇게 하여 그들의 생각과 말과 행동을 깨끗하게 한다고 가르치셨습니다.

세상은
거울과 같은 것

　　해가 지기 직전에 서쪽 하늘이 잠깐 환하게 밝아지거나, 사람이 죽기 직전에 잠깐 기운(氣運)을 돌이키는 경우를 일러 회광반조라는 말을 쓰는데, 불교에서는 자신을 되돌아보고 비추어 보는 자각이 필요할 때 회광반조(廻光反照)라는 말을 씁니다.

　　"내가 무엇을 잘못했나?"

　　"지금 걷고 있는 이 길이 과연 옳은 길인가?"

　　되돌아보고 자신에게 스스로 물어보는 자각이야말로 인생을 더욱 향상되게 할 것입니다. 대개 사람들은 잘못을 저질렀을 때 자신의 잘못을 인정하지 않고 변명하고 싶어 하고 그 순간을 어떻게 하든지 모면하려고 거짓말을 합니다. 양심에 비추어 뉘우치고 다시는 과오를 범하지 않도록 하면 될 텐데 피하려고만 합니다.

　　지금이나 옛날이나 남이 잘 되면 배가 아파서 시기, 질투하는 사람들이 있습니다.

　석가모니 부처님께서 기원정사에 계실 때에 많은 제자들이 부처님을 존경하고 따라다니며 수행을 하니 이교도들이 시샘이 나서 동네 불량배에게 돈을 주어 어느 처녀를 납치하여 살해한 후에 시체를 기원정사 앞 퇴비더미에 묻어 놓으라고 했습니다.

　며칠이 지나자 썩는 냄새가 났고 처녀 시체가 나왔으니 그 소문이 꼬리에 꼬리를 물고 퍼져서 승려들이 고개를 들고 탁발을 하러 다닐 수가 없었습니다.

　"부처님, 이 일을 어찌하여야 합니까?" 하고 제자들이 걱정을 하자 부처님은 "너희들은 누가 사실이냐고 물으면 진실을 숨기고 거짓을 말하는 자는 무간지옥에 떨어집니다."라고만 하라고 일렀습니다.

　동네 사람들은 스님들의 말을 듣고는, '스님들은 무간지옥에 떨어지는 것을 알고 있는데 처녀를 죽이고 그런 끔찍한 일을 할 리가 없을 것'이라고 생각했습니다. 얼마 후 시신을 묻었던 불량배가 술에 취해 함부로 지껄이다 보니 들통이 나서 사실대로 자백을 받아 냈습니다.

　『보왕삼매론』에 "억울한 일을 당하여 거듭거듭 밝히려 하지 말라. 억울함을 밝히면 원한을 사게 되니 그러므로 성인(聖人)이 말씀하시되 억울함을 당하는 것으로써 수행의 문으로 삼으라."고 하셨습니다. 억울한 일을 당하면 누구나 내 잘못이 아니라고 강

180

변할 것입니다. 하지만 부처님께서는 언제나 침묵하셨습니다. 왜냐하면 거울에 빛을 비추면 그 빛이 다시 돌아오듯이 삼라만상이 거울인지라 이 거울에 어떤 잘못을 비추어 놓으면 그 잘못은 곧 그에게 돌아간다는 것을 아셨기 때문입니다.

부처님 당시에 한 여인이 오해로 석가모니 부처님을 찾아와서 갖가지 모진 욕설을 퍼붓고 있었는데 석가모니 부처님은 잠자코 듣고만 있었습니다. 그 여인이 오래도록 욕을 하는데도 부처님이 아무 대꾸도 하지 않자 그 여인은 의아한 마음으로 가 버렸습니다.

제자들이 "부처님! 왜 억울한 누명을 쓰시고도 한마디도 변명을 하지 않으셨습니까?"라고 하자 부처님께서는 "너희는 누군가에게 무엇을 주려고 가져갔는데 상대방이 받지 아니하면 어떻게 하겠느냐?"

"그냥 가지고 오지요."

"그래, 저 여인도 내가 받지 않으니 그냥 자기가 한 말을 도로 가지고 간 것이 아니냐?"

이 말을 듣고 제자들은 부처님의 크신 지혜를 깨닫게 되었습니다.

재물을
구하는 자가
명심할 점

"재물을 구하는 자는 여섯 가지 도 아닌 것[六非道]을 알아야 하니, 여섯 가지란 갖가지 노름으로 재물을 구하는 것, 부적절한 시기에 재물을 구하는 것, 술을 마시고 방탕하게 재물을 구하는 것, 나쁜 벗을 가까이하여 재물을 구하는 것, 항상 풍류놀이를 좋아하면서 재물을 구하는 것, 게으르면서 재물을 구하는 것이다.

만일 사람이 갖가지 노름을 하면 여섯 가지 재난이 있는 줄을 알아야 한다. 첫째는 노름에서 지면 원한이 생기고, 둘째는 잃으면 부끄러움이 생기며, 셋째는 지면 잠을 편안히 잘 수 없고, 넷째는 원수의 집안을 기쁘게 하며, 다섯째는 일가를 걱정하게 하고, 여섯째는 대중에게 말을 하여도 남이 신용하지 않는다.

부적절한 시기에 재물을 구하면 여섯 가지 재난이 있으니 첫째는 자신을 보호하지 못하고, 둘째는 재물을 보호하지 못하며, 셋째는 처자식을 보호하지 못하고, 넷째는 남의 의심을 받으며, 다섯째는 많은 괴로움과 근심이 생기고, 여섯째는 남의 비방을 받는 것이다.

사람이 술을 먹고 방탕하면 여섯 가지 재난이 있으니 첫째는 현재의 재물을 없애고, 둘째는 병이 많이 생기며, 셋째는 싸움이 많아지며, 넷째는 비밀이 탄로 나며, 다섯째는 남들이 칭찬하거나 보호하지 않고, 여섯째는 지혜를 없애고 어리석음이 생긴다.

나쁜 벗을 가까이 하면 여섯 가지 재난이 있으니 첫째는 도적과 친해지게 되고, 둘째는 사기꾼과 친하게 되며, 셋째는 주정뱅이와 친하게 되고, 넷째는 방자한 사람과 친하게 되며, 다섯째는 노름꾼과 모이게 되고, 여섯째는 이런 것들을 친구로 삼고, 이런 것들을 짝으로 삼게 된다.

풍류를 좋아하면 여섯 가지 재난이 있으니 첫째는 노래 듣기를 좋아하는 것이고, 둘째는 춤 구경을 좋아하는 것이며, 셋째는 가서 풍류놀이 하기를 좋아하는 것이고, 넷째는 방울 놀리는 것 보기를 좋아하는 것이며, 다섯째는 손뼉 치기를 좋아하는 것이고, 여섯째는 큰 모임을 좋아하는 것이다.

게으르면 여섯 가지 재난이 있으니 첫째는 너무 이르다 하여 일을 하지 않는 것이고, 둘째는 너무 늦다 하여 일을 하지 않는 것이며, 셋째는 너무 춥다 하여 일을 하지 않는 것이고, 넷째는 너무 덥다 하여 일을 하지 않는 것이며, 다섯째는 너무 배부르다

하여 일을 하지 않는 것이고, 여섯째는 너무 배고프다 하여 일을 하지 않는 것이다.

만일 사람이 이런 여섯 가지 법답지 못한 일이 있으면 사업을 경영하지 못하고, 사업을 경영하지 못하면 공을 이루지 못하며, 아직 얻지 못한 재물은 얻을 수 없고, 본래 있던 재물은 자꾸 없어지느니라."

─『중아함경』

부자에 대해 편견을 가진 분들이 많습니다. 특히 불자들 중에는 마음을 중시하고 재물에는 관심 없어 하면서 부자에 대해서도 욕심으로 재물을 일구었다고 생각하면서 폄하하는 경향이 있습니다. 하지만 그 또한 중도적인 안목이 아닙니다. 부자가 되어야 많은 사람에게 베풀 수 있지 않습니까?

재물 자체가 나쁜 것이 아닙니다. 그 재물을 얻고 사용하는 데 바른 마음의 눈을 떴는지가 중요한 것입니다. 사사로운 이익을 탐하면 눈이 어두워지기 쉽습니다. 항상 자기를 돌아보는 지혜가 있을 때 부자도 될 수 있고, 그 부로 큰 복을 지을 수 있습니다.

7월

고통에서 벗어나
대자유를 성취하는 길

부처님 법(佛法)은 늙어가는 사람을 젊게 만드는 것도 아니고,
죽어가는 사람을 죽지 않게 만드는 것도 아닙니다.
본래 늙음이 없고 본래 죽음이 없는 그 진리를 깨닫도록 하는 것입니다.

닦아야
보배

스님들이 강원에서 배우는 치문(緇門)에 이런 말이 있습니다.

옥불탁(玉不琢)이면, 불성기(不成器)요,
인불학(人不學)이면, 부지도(不知道)니라.

아무리 구하기 어려운 금은보배라 해도 땅속에서 나온 그대로 놔두면 보배로서의 가치가 살아나지 못한다는 말입니다. 갈고 다듬어서 보배답게 반짝반짝 윤이 나게 하고, 모양도 보기 좋게 만들어야 비로소 보물이 됩니다. 사람도 아무리 부모로부터 타고난 머리가 좋다고 해도 배우고 익힘에 부단히 갈고 닦지 않으면 마땅히 도를 이루지 못하는 것입니다. 갈고 닦음은 모든 성취의 길에 있어서 왕도입니다. 뜻을 이루는 데에는 이 길만한 길이 없습니다.

　부유한 집에서 태어났든 가난한 집에서 태어났든 인간이 인간과 더불어 사는 데 아무 지장이 없으려면 갈고 닦아야 하는 것입니다. 하물며 세속적으로 크게 성공하고자 하거나 생사문제를 해결하는 대장부의 길을 걸으려는 사람은 반드시 탁마해야지 다른 길을 찾으면 그 길은 삿된 길입니다.

　갈고 다듬는 데 있어 근본이 되는 것이 있습니다.

　첫째가 좋은 벗을 만나는 일입니다.

　벗은 나의 잘나고 못난 점을 깨우쳐 주는 거울과 같습니다. 나아가 나의 좋은 점을 크게 발전시켜 주는 솔직한 스승이기도 합니다. 서로의 장점은 살려주고, 단점을 보완하는 관계입니다. 허물없이 마음에 있는 것을 내보이며 진심으로 충고해 주는 관계입니다. 인격을 갈고 닦아 장점을 더 크게 성장시켜 주는 관계입니다.

　벗에는 이익이 되는 벗이 있고, 해를 끼치는 벗이 있습니다.

　이익이 되는 벗은 정직한 벗, 성실한 벗, 박학다식한 견문이 넓은 벗, 생명을 사랑할 줄 아는 자비로운 벗입니다. 이런 벗은 벗이되 부모와 같고, 스승과 같습니다. 이런 벗을 만나면 하늘에 비치는 태양과 같이 섬길 줄 알아야 합니다. 해를 끼치는 벗은 성실하지 않은 벗, 한쪽에 치우치는 옹졸하고 편벽한 벗, 거짓되고 허영된 벗, 무자비한 벗입니다. 이런 벗이 있으면 마치 나를 파멸의 문으로 끌고 가는 악마와 같이 생각하고 멀리 해야 합니다.

둘째는 좋은 스승을 만나는 일입니다.

좋은 스승을 만나면 지혜가 열려서 크게 이루는 데 지름길을 만나는 것과 같습니다. 스승은 현자입니다. 나보다 먼저 길을 나선 분이기 때문에 길에서 만나게 될 수많은 오차와 위험을 스승을 통해서 줄일 수 있습니다. 스승의 말과 행동 하나하나가 나의 거울입니다. 좋은 스승은 나의 숨겨진 능력을 갈고 닦아주는 세공기술자와 같습니다. 보배로 만드는 기술자입니다. 좋은 기술자가 좋은 보석을 만드는 것처럼 좋은 스승을 만나면 크게 이룰 수 있습니다. 그러므로 스승의 가르침에 순종할 줄 알아야 합니다.

셋째는 독서입니다.

책 속에 길이 있다고 합니다. 책에서 우리는 수많은 선지식을 만날 수 있습니다. 책을 멀리 하면 수많은 선지식을 만나는 기회를 스스로 저버리는 것과 같습니다. 먼저 배우고 지혜를 닦아야 합니다. 갈고 닦아야 보배가 됩니다. 세상에 하루아침에 이루어지는 것은 없습니다. 처음 한 걸음이 결국 히말라야 산을 오르게 합니다.

나 자신 속에
살고 있는
귀신

옛날에 오래 되어 아무도 살지 않는 낡은 집 한 채가 있었습니다. 사람들은 모두 그 집에 악한 귀신이 살고 있다 하여 모두 두려워했습니다. 누구도 거기서 자거나 쉬지 못하였습니다. 그 때 담력이 크다고 스스로 자랑하던 어떤 사람이 나서서 그 집에 들어가 하룻밤을 지내리라고 말했습니다.

그렇게 말한 후 그는 보란 듯이 걸음도 당당하게 그 집으로 들어갔습니다. 그러자 얼마 뒤에 또 한 사람이 앞의 사람보다 더 담력이 크고 용맹스럽다고 자처하였습니다. 그의 곁에 있던 사람이 이 집에는 흉악한 귀신이 있다고 말했지만 그는 아무 문제없다는 듯 의기양양하게 문을 밀치고 들어가려 하였습니다.

그러자 먼저 들어갔던 사람은 그것을 귀신이라 생각하고 안에서 문을 밀어 막고 서서 들어오지 못하게 하였습니다. 문을 밀

고 들어가려고 애를 썼지만 누군가 문을 막고 있음을 안 뒷사람
도 역시 그것을 귀신의 소행이라 생각했습니다. 둘은 밤새 다투
었습니다. 그렇게 문을 사이에 두고 서로 끙끙대며 밤을 지새우
고 말았습니다. 드디어 어둠이 걷히고 새벽이 밝아오자 그제서야
두 사람은 서로를 알아채고 비로소 귀신이 아님을 알았습니다.

－『백유경』

대부분 세상 사람들, 우리가 사는 모습도 이와 같습니다. 아
무리 살피고 살펴도 인연이 잠깐 모였을 뿐 아무 주인도 없는데,
망상에 빠지고, 미혹에 눈이 멀어 서로 내가 잘났다고 다투고 있
습니다. 세상 사람들이 자기 멋대로 옳고 그름을 내세워서 다투
는 모습이 저 두 사람과 다름이 없습니다.

있지도 않은 귀신을 만들어 세워놓고 문고리를 밤새 붙들고
서서 땀을 흘리며 안간힘을 다하고 있는 나 자신을 한 번 보십시
오. 귀신은 바로 나 자신의 마음속에 살아 있습니다. 미혹의 귀
신, 탐내고 성내는 귀신, 어리석음에 빠지도록 이끄는 귀신이 나
를 지배하는 이상 행복은 멀고 먼 이야기입니다.

악업을 부르는 귀신들은 오늘도 내일도 시시각각 나 자신을
찾아옵니다. 어떤 때는 나를 유혹하고, 어떤 때는 나를 겁박하면
서 악업으로 이끕니다. 이 귀신들이 찾아오면 바로 알아차릴 줄
알아야 합니다. 그런데 사람들은 대부분 그들에게 이끌려갑니다.
어떤 때는 오랜 습에 의해 알고도 함께 타협합니다.

절을 찾고, 스님을 찾고, 부처님을 찾아야 하는 이유가 여기 있습니다. 그 곳에는 착한 인연이 있고, 선업으로 이끄는 불보살님의 묘한 가피력이 있습니다. 그 힘에 의지해 밝은 세상, 행복한 세상으로 나아갈 수 있습니다.

도(道)가 높으면
마(魔)가 성한다

부처님 당시에 눈병에 걸린 한 제자가 있었습니다.

의사는 연꽃 향기를 눈에 쏘이면 눈병이 낫는다는 처방을 주었습니다. 그 제자는 연못으로 가서 연꽃 봉오리에 눈을 대고 향기를 쏘이고 있었습니다. 그러다가 자기도 모르게 향기에 취해 꽃 봉오리에 코를 대고 냄새를 맡으며 감탄했습니다.

"야! 향기가 정말 좋구나. 좋아."

이렇게 향기에 취해 넋을 놓고 있을 때 연못을 지키던 신이 나타나 호통을 쳤습니다.

"이 도둑놈아! 어서 썩 꺼지거라."

"아니 저는 연꽃을 꺾지도 않았고, 가져갈 생각조차 하지 않았는데 어찌 도둑이라 하십니까?"

"아무런 노력 없이 연꽃향기를 훔쳤고, 게다가 코를 대고 애착까지 했으니 도둑질한 것이 아니고 무엇이냐?"

바로 그 때 한 험상궂은 사람이 나타나 연못 속으로 들어가서는 연꽃을 꺾기도 하고 뿌리째 한 다발이나 뽑아 가는 것이었습니다. 그런데도 연못의 신은 바라보기만 할 뿐, 한 마디도 하지 않았습니다. 눈병에 걸린 제자는 정말 화가 났습니다.

"아니, 향기만 조금 맡았는데도 저를 도둑놈 취급하더니, 왜 저 사람에게는 한 마디도 하지 않는 겁니까?"

연못의 신이 말했습니다.

"저 사람은 때가 잔뜩 묻은 검은 천과 같다. 검은 천에는 먹물이 묻어도 표가 나지 않지만 흰 천에는 작은 점이 묻어도 표가 나는 법이다. 마치 맑은 거울에는 티끌 하나만 묻어도 환하게 드러나는 것과 같다는 말이다. 마음이 검게 물든 사람은 꾸짖어도 소용이 없다. 그대는 마음이 청정한 불자가 아니냐? 그대에게는 티끌만한 허물도 태산같이 드러나 보이는 법이다. 그래서 꾸짖는 것이다."

도고마성(道高魔盛)이라는 말이 있습니다. 이 말은 공부가 익어갈수록 마의 방해가 심해진다는 말입니다. 공부를 하다 보면 순간순간 장애가 닥칩니다. 마음 가운데에서 울컥하고 올라오기도 하고, 주위 환경에서도 마장이 옵니다. 불교를 많이 안다는 사람 중에도 이런 마장이 오면 초심을 잃고, 갈등을 합니다. 그러나 이 마장은 단지 '닦아야 할 과제'에 지나지 않습니다.

마장은 마음을 닦는 불자이기 때문에 나타납니다. 혼탁한 것을 혼탁한 줄 모르는 사람들은 마장인 줄도 모르고 흙탕물에 빠져 사는 것입니다. 그러므로 불자는 마음 단속을 게을리 하면 안 됩니다. 마음에 작은 틈이라도 생기면 어김없이 마가 쳐들어오게 마련입니다. 마음을 단속하지 않는 사람들이 보면 별 것 아닌 것도 수행자에게는 크게 다가오는 것입니다.

불자(佛子)는
사자왕의 아들

　　『아육왕비유경』에 어떤 사람이 길을 지나다
가 길가에서 한 구의 시체를 보았는데, 하늘에서 온 한 분의 천인
이 그 시체에게 꽃을 뿌리고 있었습니다. 길 가던 사람이 보고 이
상해서 "왜 시체에게 꽃을 뿌리십니까?"라고 했더니 "이것은 내
전생의 몸이다. 전생에 나는 부모에게 효도하였고 인과를 믿어
광대한 선업을 지어서 지금 천계에서 안락을 누리고 있다. 나의
은덕이 이렇게 큰데 꽃을 뿌려 공양할 만하지 않은가?"라고 했습
니다.

　　자신의 시신에 자랑스럽게 꽃을 뿌리는 훗날의 자랑스러운
자신의 모습을 관조해 보십시오. 불자는 사람 몸을 받았을 때 이
몸을 의지해 정법에 대한 믿음을 일으켜야 하고, 후회 없이 부지
런히 수행해 내생에 저 천인과 같이 자신의 시체에 대해 감격스

런 찬탄을 할 수 있어야 합니다.

그런데 불자들 중에는 좀 닦는 시늉을 하다가 "뭐 이렇게 골치 아프게 불자로 살 필요가 있나? 즐길 것 즐기고 쉽게 살아야지." 하면서 선업을 포기하고 눈앞의 물질적 쾌락을 위해 악업으로 돌아서는 경우가 있습니다. 이런 사람은 지금 이 악업의 선택이 수많은 고통의 과보로 미래나 내생에 나타나게 됨을 모르고 어리석은 선택을 한 것입니다. 선행을 중도에 포기하는 악업은 내생에도 계속 이어져 죄업의 힘이 갈수록 커집니다. 악업의 습관이 선업을 소멸시켜 점점 더 선업의 공덕에서 멀어지기 때문입니다.

용수 보살은 일찍이 "마치 물이나 흙·바위에 대해 사람 마음이 각각 저들과 같음이 있으나, 법을 아낌은 바위와 같은 마음이라야 한다."라고 말씀하셨습니다. 정법을 좋아하는 불자는 마치 딱딱한 돌처럼 견고한 불퇴보리심을 갖추어야 합니다. 물이나 흙처럼 외부 조건에 쉽게 움직이면 번뇌의 고통이 따르게 됩니다.

우리의 본사 석가모니 부처님은 삼계의 그 누구도 비교할 수 없는 위대한 대사자왕입니다. 그리고 우리는 그 사자왕의 아들로 모두 견줄 데 없는 위력을 지닌 사자입니다. 사자는 동물의 왕입니다. 다른 어떤 동물도 그 위세 앞에 고개 숙여 굴복합니다. 설령 사자 새끼라 해도 어리고 작지만 사자의 위엄 앞에 모든 동물들이 그에게 복종합니다. 인천(人天)의 스승이신 부처님도 사자왕처럼 비할 데 없는 공덕의 위력을 구족하셨기에 삼계의 모든 유정을 위엄 있게 제압하십니다.

우리 불자(佛子)들은 말 그대로 부처님의 자식입니다. 부처님은 모든 번뇌의 마군을 이겨내신 영웅이며, 삼계를 위엄으로 진동시킨 대금강왕임을 잘 알아야 합니다. 이렇게 견줄 데 없이 존엄한 세존의 자식으로서 우리들도 투철한 자신감으로 두려움을 물리치고 반드시 세존처럼 모든 번뇌를 항복시킬 수 있다고 믿어야 합니다. 스스로 강한 자신감과 자부심을 가지고 우리 자신이 삼계에서 가장 존귀하고 가장 위엄 있는 가족의 구성원임을 잊지 않으면 반드시 모든 번뇌 죄악을 소멸시킬 수 있습니다.

부처님께서 팔만사천 마군을 항복시키셨으니, 불자로서 번뇌에 좌절하고 속박된다면 이 어찌 수치가 아니겠습니까? 수행과정에서 만약 자신이 나태하고 잠에 빠지려 한다면 주저하지 말고 이것들을 없애야 합니다. 품속으로 기어드는 독사를 털어낼 때는 과감히 신속하게 한 순간도 지체할 수가 없듯이 재빨리 이러한 번뇌를 제거해야 합니다. 나태의 독사에 물리면 번뇌의 독이 온몸에 퍼지는데, 자신의 공덕이 어떻게 되겠습니까?

나태의 독사는 불자에게 가장 큰 적입니다.

『정법염처경』에서 "모든 번뇌의 유일한 원인은 오직 게으름밖에 다른 어떤 것이 있겠는가? 어떤 수행인에게 한 가지 게으름이 있으면 일체 선법이 모두 없어진다."라고 하였습니다.

왜 불교를 믿고 수행에 힘쓰는가

부처님께서 코삼비의 코시타 동산에 계실 때입니다. 하루는 부처님을 시봉하는 아난 존자에게 한 외도(外道) 수행자가 찾아와 불교를 수행하는 이유와 목적을 물었습니다.

"당신들은 무엇 때문에 집을 나와 부처님 밑에서 수행을 합니까?"

이에 대해 아난 존자는 이렇게 대답했습니다.

"탐욕(貪)과 성냄(瞋)과 어리석음(痴)을 끊기 위해서입니다."

"탐·진·치 삼독에 무슨 허물이 있기에 끊어야 한다고 말합니까?"

"탐욕에 집착하면 마음이 캄캄해져 자기와 남을 해치게 됩니다. 그러면 현세에서도 죄를 받고 후세에서도 죄를 받습니다. 분노와 어리석음에 집착하는 것도 그와 같이 자기와 남을 해칩니다.

탐·진·치 삼독에 집착하게 되면 그 순간 사람은 장님이 됩니다. 지혜가 없으면 판단이 흐려집니다. 그것은 옳은 일이 아니요, 밝은 것도 아니며, 열반에 이르는 것을 방해할 뿐입니다. 그래서 삼독을 끊어야 한다고 말하는 것입니다."

"그렇다면 삼독을 끊으면 어떤 이익과 공덕이 있습니까?"

"삼독을 끊으면 자기도 해치지 않고 남도 해치지 않으며, 현세에도 죄를 짓지 않고 후세에서도 그 과보를 받지 않습니다. 마음은 언제나 기쁘고 즐거우며, 번뇌를 떠나 현세에서 깨달음을 얻게 됩니다."

"그러면 어떻게 해야 삼독을 끊을 수 있습니까?"

"부처님께서 가르치신 성스러운 여덟 가지 바른 수행, 팔정도(八正道)를 실천하면 됩니다."

아난 존자의 자상한 설명을 들은 그는 기쁜 얼굴로 돌아갔습니다.　　　　　　　　　　　　　　　　　－『잡아함경』

불교를 닦는 이유는 삼독을 끊는 것이고, 닦는 방법은 팔정도의 실천이라는 아난 존자의 명확한 답변에서 우리 불자들의 수행 목표가 뚜렷하게 드러나는 대목입니다.

절에 다니면서 왜 절에 다니는지도 모르는 불자에게 큰 교훈이 되겠습니다.

신심이 불도를
어떻게 이루나

　　『화엄경』「현수보살품(賢首菩薩品)」에 보살이 신심을 일으켜 깨달음으로 나아가는 단계별 과정이 잘 나와 있으니 살펴보시기 바랍니다.

　　먼저 보살이 깨달음을 구하는 마음을 일으킬 때에는 부처님과 그 가르침 그리고 스님에 대한 깊고 청정한 신심을 갖기 때문에 보리심을 일으킨다고 하였습니다. 따라서 보살도를 닦는 데는 신심이 가장 중요한 것을 알 수 있습니다.

　　깊고 청정한 신심은 견고하여 부서지는 일이 없는데, 신심은 불도의 근본이요, 모든 공덕의 어머니여서 모든 선법(善法)을 증진하여 모든 의혹을 없애고 위없는 불도(佛道)를 열어 준다고 했습니다. 만약 신심이 견고하여 동요하는 일이 없으면 몸과 마음이 함께 밝고 모든 것이 청정해져서 착한 벗을 가까이 하게 되며, 착한 벗과 가까이 하면 헤아릴 수 없이 많은 공덕을 닦아 온갖 인과를 배우고 그 도리를 깨닫게 된다고 했습니다.

또한 도리를 깨달으면 일체의 모든 부처님이 지켜주며 위없는 깨달음을 향한 마음, 보리심을 일으키게 되는데, 보리심을 일으키면 모든 부처님의 가르침 안에 태어나 일체의 집착을 떠날 수 있으며, 깊고 청정한 마음을 얻어 모든 보살행을 실천하고 대승(大乘)의 법을 갖추게 된다고 했습니다.

대승의 법을 갖추면 모든 부처님에게 공양하고 염불삼매(念佛三昧)가 끊이지 않을 것이며, 염불삼매를 체득하면 항상 시방의 부처님을 볼 수 있으며 부처님의 세계에 항상 안주(安住)함을 알 수 있어, 스스로 불법을 체득하게 되어 한없는 변재(辯才)를 갖고 무량한 불법을 설할 수 있다고 했습니다.

무량한 불법을 설할 수 있으면 모든 중생을 해탈시킬 수가 있고, 대비심(大悲心)이 확립돼 깊고 깊은 불법을 기뻐하고 교만심과 게으름에서 떠날 수 있어 고뇌의 생사에 있으면서도 조금도 근심하는 일이 없고 노력하고 정진할 수가 있다 했습니다.

근심 없이 정진할 수가 있으면 온갖 신통을 얻고 중생의 생활을 알게 되어, 중생에 대하여 법을 설하고 재물을 보시하며, 사랑스러운 말로써 중생에게 기쁨을 주며, 선행으로써 이끌며 함께 활동할 것이고, 헤아릴 수 없는 이익을 베풀어 스스로는 위없는 진리에 안주하고, 악마로 인하여 정복되는 일이 없을 것이라 했습니다.

악마로 인하여 정복되는 일이 없으면 부동지(不動地)에 도달하여 불생불멸의 진리를 체득하고 성불이 약속되고, 모든 부처님의 깊은 가르침을 깨닫고 모든 부처님이 항상 지켜주어서 부처님의 무량한 공덕이 몸에 넘치고 그 모습은 광명으로 빛나게 된다고 했습니다.

광명을 받아 빛나면 그 광명으로부터 무량한 연꽃이 나타나 그 연꽃 하나하나의 꽃잎에 무량한 부처님이 나타나고 중생을 교화하여 해탈하게 하는데, 중생을 교화하기 위해서 무량한 자재력으로 적절한 곳에 모습을 나타내고, 일념 사이에 모든 중생의 마음을 낱낱이 알 수 있을 것이라 했습니다.

처음 깨달음의 마음을 내는 그 안에 이미 깨달음이 성취되어 있다는 초발심시변정각(初發心時便正覺)이라는 말이 그냥 나온 말이 아닙니다.

처음에 부처님과 가르침 그리고 스님에 대한 깊고 청정한 신심을 갖기 때문에 보리심을 일으키게 되고, 점점 좋은 인연이 성숙해 나중에는 나의 이 작은 한 몸에서 무량한 부처님과 무량한 보살님이 나오게 되는 것입니다.

한 번
실천만 못하리

불자들 중에는 몇 백 권의 불교서적을 읽었
는데도 왜 그렇게도 부처님 말씀대로 생각하고 행동하는 게 힘
든지 모르겠다고 하는 사람들이 있습니다. 이 불자의 경우 그래
도 '왜 그런가?' 하고 의문이라도 가지게 되었지만, 평생을 불자
라 하면서 스님들 법문도 많이 듣고 절에 열심히 다니면서도 이
런 의문조차 가져보지 못하는 사람도 있습니다.

부처님 가르침이 아무리 광대무변하고 무량하다 해도 일상생
활 속에서 체험하지 못하면 그림의 떡입니다. 부처님 말씀을 열
번, 백 번 읽고 또 읽어서 잠결에서도 줄줄 외운다 해도 단 한 말
씀 내가 집어 먹을 줄 모른다면 헛공부요, 헛농사입니다. 세월만
축낸 꼴입니다. 우리의 삶 속에서 실천이 없는 공부는 해박한 지
식의 축적은 될지언정 궁극적으로 자신의 삶을 변화시키는 생명
력을 가질 수는 없습니다. 자기 앞에 산해진미의 진수성찬을 차

려 놓으면 뭐합니까? 무슨 음식이 차려졌는지 이름만 외우는 꼴입니다. 음식을 먹어야 배도 부르고 기분도 좋을 것 아닙니까?

올챙이가 개구리한테 묻습니다.

"아저씨, 땅이 어떻게 생겼습니까?"

"응, 땅은 흙과 돌멩이로 되어 있어서 단단해서 우리가 뛰어다닐 수 있단다. 땅에는 온갖 풀과 나무, 꽃들이 피어 있고 신기하게 생긴 짐승들도 살고 있단다."

개구리가 아무리 설명해 주어도 올챙이는 풀도, 나무도, 꽃도 알 수가 없습니다. 올챙이가 개구리가 되어서 땅에 올라가보지 않는 이상 어떻게 땅을 정확하게 알 수 있겠습니까?

『화엄경』「정행품」에 있는 발원을 함께 새겨보겠습니다.

"사람 몸 받기 힘드나 지금 받고 있으며, 불법 듣기 힘드나 지금 듣고 있으니 이 몸 받은 금생에 제도 못 되면 언제 또 생을 받아 이 몸이 제도될까.

스스로 부처님께 귀의하여 받들어 모시고 원하옵건대, 중생들과 더불어 대도를 체득하여 무상의 뜻을 이루겠노라.

스스로 법에 귀의하여 받들어 모시고 원하옵건대, 중생들과 더불어 깊이 경장에 들어가 지혜를 바다와 같이 하겠노라.

스스로 승가에 귀의하여 받들어 모시고 원하옵건대 중생들과 더불어 대중들을 통리하여 모든 것에 막힘이 없도록 하겠노라.

무상하고 심심한 묘법은 백천만겁이 되어도 만나기 힘이 드나,

나는 지금 보고 듣고 하여 얻을 수가 있었으니, 원하옵건대 부처님의 진실한 뜻을 해득하여 받들어 모시겠노라."

부처님의 말씀을 듣고 외우는 데 그치지 말고 맛을 보고 음미하고 먹어서 내 몸에 영양분이 되게 해야 정말 지혜로운 불자입니다. 부처님이 좋아하시고 제불보살이 보호해 주시는 불자는 바로 이런 불자입니다.

부처님의
생사해탈

　　석가모니 부처님께서는 생로병사(生老病死)의
고통을 물리치기 위해서 수도를 하셨는데, 부처님께서 그 문제를
어떻게 해결하셨느냐 하는 것이 매우 중요한 일입니다.

　　늙고 병들고 죽는 일을 해결하기 위해서 도를 닦기에 이 문제
를 완전히 해결하기 전에는 수행을 중지하지 않는 것은 당연합니
다. 또 완전히 해결했다면 부처님에게는 늙고 병들고 죽는 일이
없어야 할 것입니다.

　　그러나 부처님께도 역시 늙음이 있었고 열반이 있었습니다.
처음 출가 수도의 목적과 마지막의 결과가 일치되지 않습니다.
다시 말해서 부처님이 생사해탈이 이루어지지 않았다면 언제까
지나 수행을 계속 하셨어야 했을 것입니다. 하지만 부처님께서는
해탈을 이루시고 고행을 중지했습니다. 그리고 또 죽음을 맞이했
습니다.

여기서 우리는 해탈과 죽음을 어떻게 보아야 하겠습니까? 불자라면 누구나 한 번쯤 의문을 가져보았을 것입니다.

부처님께서는 해탈하고 나서 인생과 우주를 보시고 "본래 생사가 없더라."는 것을 확연히 아셨습니다. 본무생사(本無生死)의 진리를 깨달으신 것입니다. 해탈은 나고 죽음이 본래 없다는 것을 깨닫는 것입니다.

부처님 법(佛法)은 늙어가는 사람을 젊게 만드는 것도 아니고, 죽어가는 사람을 죽지 않게 만드는 것도 아닙니다. 본래 늙음이 없고 본래 죽음이 없는 그 진리를 깨닫도록 하는 것입니다. 그리고 본래 생사가 없는 진리를 확실히 체험하는 것이 해탈입니다. 생사가 없는 진리를 마음대로 자유자재하는 것이 해탈입니다. 진리에는 생사가 없습니다. 이 진리를 깨달으신 분이 부처님입니다. 그리고 생사가 본래 없는 진리를 중생에게 가르쳐 주시는 부처님의 일이 자비구현입니다.

그러면 어찌하여 우리에게는 생사의 고통이 이렇게 분명한가 하는 의문이 생깁니다.

이것을 부처님께서는 꿈속의 일과 같다고 말씀하셨습니다. 삶과 죽음은 모두가 꿈입니다. 이것이 몽중생사(夢中生死)입니다. 꿈에서는 분명히 태어나고 죽는 일이 있으나 진리에는 본래 나고 죽는 일이 없습니다. 그러므로 우리는 생사의 꿈속에서 깨어나야 합니다. 그 도리를 가르치는 것이 불교입니다.

예를 들면 이 지구에는 어두운 밤이 있고 밝은 낮이 있지만,

태양에는 본래 밤과 낮이 없는 것과 같은 것입니다. 태양은 항상 밝아서 밤도 없고 낮도 없는데 지구에는 밤과 낮이 있는 것과 같은 이치라고 하겠습니다. 이와 같이 깨닫지 못한 우리 중생에게는 생사가 분명히 있고 고통과 괴로움이 분명히 있지만 모든 것을 초월하신 부처님에게는 생사가 없으십니다. 본무생사를 깨달으신 분이 부처님이십니다.

우리가 "성불하십시오!" 할 때 이 성불이 뭡니까? 부처를 이루는 것입니다. 부처님과 같이 세상을 환하게 바라보는 경지를 이루는 것입니다. 그 경지가 바로 본래 태어남도 없고 본래 죽음도 없다고 세상을 환하게 비추어볼 줄 아는 허공 같은 경계입니다. 그 경계에서 어떻게 탐·진·치 삼독으로 지어진 세상 번뇌가 침범할 수 있겠습니까?

8월

견디고 참고 기다리면
운명이 바뀐다

참는 덕은 계를 가지거나 고행하는 것보다 오히려 나은 것이니,
능히 참을 줄 아는 사람이라야
위대한 힘을 가진 성자(有力大人)라 할 수 있느니라.

인욕은
성취의 근본

　　살면서 항상 즐거운 마음을 유지하는 것은
사람들에게 매우 중요합니다. 사람들 중에는 어떤 일을 당해도
늘 편안하고 즐거운 사람이 있는가 하면, 어떤 사람은 부족한 것
하나 없이 풍족하게 살면서도 늘 고통스럽고 불안에 떠는 사람이
있습니다. 마음이 고통스럽다면 대궐 같은 생활을 해도 재미가
없고 하루하루 견디기 힘들 것입니다.

　이러한 즐거움이나 불안의 고통은 지난날 자신이 지은 선업
과 악업의 결과입니다. 그렇기 때문에 이 업장을 닦기 위해서는
무엇보다 인욕바라밀을 닦는 것이 최우선입니다. 굳센 인욕공덕
을 쌓으면 자신을 조복시켜 성냄의 번뇌에 무너지지 않을 수 있
기 때문에 숙업을 잘라 버릴 수 있고, 중생에게 이익을 얻을 수
있게 해 복덕과 지혜가 빠르게 늘어나 작고 큰 이익을 모두 이룰
수 있습니다. 뿐만 아니라 인욕을 닦으면서 삼보의 가피가 늘 함

께 하기 때문에 세간 중생의 온갖 질병이나 전쟁 등 천재 내지 내세의 악도 고통까지 다 소멸시킬 수 있다 하였습니다.

명나라 때 감산 대사는 군인 노역으로 해남도로 유배되었는데 마침 그 곳에는 큰 전염병이 돌아 백성들이 죽어 열에 아홉 집이 비어 있었습니다. 대사는 이에 온갖 고통을 참으면서 겹겹의 시체 속에 앉아 수행하는 것을 견지하였는데 역병이 갑자기 흔적도 없이 소멸되었다고 합니다. 스님은 대단한 인욕수행자입니다. 이렇게 인욕을 닦는 사람은 세세생생 신체 건강하고 무병장수한다고 합니다.

인과응보의 법칙에 따라 전생에 화 잘 내고 남을 해친 악업이 많은 사람은 현생에서 질병이 많고 명이 짧은 과보를 받습니다. 오늘 이렇게 듣게 된 인욕법문을 닦아 모든 중생에게 늘 연민과 구원의 마음을 낸다면 신체 건강하고 무병할 것입니다. 나에게 해를 끼친 자라 하더라도 덕으로써 갚으면 자신의 명성은 세상에 퍼져 세상 사람들의 존경을 높이 받을 것입니다.

묵묵히 인내하여 덕을 쌓으면 저절로 마음이 자비로워져 중생을 해치는 악업이 없어지기 때문에 장수하고 재앙이 소멸되는 것입니다. 인욕을 닦아 광대한 복덕을 쌓을 수만 있다면 전륜성왕과 같은 과보를 불러올 수 있기 때문에 생활이 부유하고 세간에서 하는 일도 모두 뜻대로 돼 날마다 즐거운 날입니다.

화는 자기도
죽이고
남도 죽인다

　　　　화내는 사람은 언제나 손해를 봅니다. 화내
는 사람은 자기를 죽이고 남을 죽이며 아무도 가깝게 오지 않아
서 늘 외롭고 쓸쓸합니다. 성을 잘 내는 사람들을 보면 자신이 성
을 낸 사실을 후회하면서도 다시 일을 당하면 자기를 다스리지
못해 성냄을 되풀이 합니다. 부처님께서는 다음과 같이 성냄을
경계하셨습니다.

　　"너희 비구여, 만일 어떤 사람이 와서 너희의 사지를 마디마디
찢는다 해도 마땅히 자기 마음을 깨끗이 가져서 성내지 말고, 또
한 입을 깨끗이 가져서 나쁜 말을 하지 말라. 만일 성내는 마음
을 그대로 놓아두면 자기의 도를 스스로 방해하고 공덕의 이익
을 잃어버리게 될 것이다. 참는 덕은 계를 가지거나 고행하는 것

보다 오히려 나은 것이니, 능히 참을 줄 아는 사람이라야 위대한 힘을 가진 성자(有力大人)라 할 수 있느니라.

만일 남이 자신을 못 견딜 만큼 꾸짖는다 할지라도 그것을 감로수를 마시듯 반갑게 받아들이지 못하는 사람은 도에 들어간 지혜 있는 사람이라고 할 수 없다. 왜 그런가? 성냄의 해는 모든 착한 법을 부수고 좋은 명예(도의 명예)를 헐어서 이승에서나 저승에서나 남이 좋게 보지 않기 때문이다. 마땅히 알라. 성내는 마음은 사나운 불꽃보다 더한 것이니 항상 마땅히 막고 지켜서 마음속에 들어오지 말게 하라. 공덕을 겁탈하는 도둑 중에 성냄보다 더한 것이 없느니라.

속인은 욕심을 가지며, 도를 행하는 사람이 아니고 자기를 제어하는 법이 없기 때문에 성냄도 용서할 수 있지만, 집을 나와 도를 행하는 욕심 없는 사람으로서 성냄을 품는 것은 아주 옳지 않은 일이다. 그것은 마치 말갛게 갠 날에 번개가 불을 일으키는 것과 같이 있을 수 없는 일이니라."　　　　　　　　　-『유교경』

부처님 제자가 되어 성냄 하나만 잘 다스릴 수 있어도 큰 이익을 얻을 수 있습니다. 성냄을 다스리려면 먼저 이 성냄이 어디서 오는 지 살펴볼 필요가 있습니다. 성냄(瞋心)은 분노심 외에도 혐오, 회피함, 없애려 함, 질투, 후회, 인색함 등의 해로운 마음을 연달아 일으키기 때문에 반드시 제어해야만 합니다. 성냄은 그 효과를 상대편보다 성낸 자신이 먼저 받는다는 특성이 있기에 자기가 가장 큰 손해를 본다는 점을 명심해야 합니다.

성냄은 싫어하고 미워하는 마음이 뿌리가 되어 일어납니다. 나의 오관(눈, 귀, 코, 혀, 피부)이 싫어하고 미워할 때 바로 알아차려서 혐오심을 제거하면 그 자리에는 성냄 대신 자애와 연민이 나타납니다. 결국 나 자신의 오관이 접촉하는 대상에 바라고 탐내는 집착심이 있을 때 일어나므로 성냄의 뿌리는 탐심임을 알 수 있습니다.

성냄을 극복한 사람에게는 따뜻함과 부드러움의 향기가 있습니다. 개개인 한 사람의 자애로움이 바로 세상을 밝게 하는 대승적 포교임을 잊지 말고 언제 어디서나 자애로움으로 대합시다.

참고
또
참아라

옛날 대수롭지 않은 일에도 화를 잘 내고 자주 다투는 재상이 있었습니다. 위로는 왕의 노여움을 사서 귀양을 가기도 하였고, 때때로 동료들과 다투기도 하였습니다. 그는 어느 날 자신의 잘못을 알아차리고 심복에게 돈 삼천 냥을 주면서 화를 다스리는 특효약을 구해오라 했습니다. 심복은 명의를 찾아 전국 방방곡곡을 다니며 약을 구하러 다녔습니다.

그렇게 다니던 어느 날 어떤 산 아래 작은 오두막집에 이르니 여든이 훨씬 넘어 보이는 백발노인이 감인대 주머니를 방문 밖 시렁에 여러 개를 걸어놓고 앉아 있었습니다. 심상찮은 느낌이 들어 심복이 노인에게 감인대 주머니가 무엇이냐고 물었습니다.

"이것은 신경질을 잘 부리고 화내는 병을 고치는 약이오."라는 말을 듣고 딱 찾던 약인지라 약값을 물었는데, 마침 삼천 냥이라 재상이 준 돈을 다 치르고 감인대 주머니를 하나 샀습니다.

심복은 돌아오는 길에 궁금해서 견딜 수가 없었습니다. 마침내 끈을 풀어 주머니 안을 들여다보았는데 주머니 안에는 오색형겊에 싼 종이쪽지에 '견딜 감(堪), 참을 인(忍), 기다릴 대(待)'라는 세 글자가 쓰여 있을 뿐이었습니다. 아니 이 세 글자에 삼천 냥이라는 큰 돈을 지불했나, 속았다는 생각에 심복은 노인의 오두막으로 다시 돌아가 보았지만 노인은 온데간데없었습니다. 신하는 이상한 생각을 하면서도 할 수 없이 고향 집으로 돌아왔습니다.

그런데 집을 떠나 오랜만에 돌아오는 길인지라 갑자기 자기 아내를 의심하는 망념이 용솟음쳤습니다. 그래서 캄캄한 밤에 자기 집 담을 넘어 몸을 숨기고 안방의 동정을 살폈습니다.

아니나 다를까, 안방에서 아내가 어떤 남자와 이야기하는 소리가 두런두런 들려왔습니다. 불같이 질투심이 일어난 신하는 당장 두 남녀를 죽일 생각으로 비수를 들고 방안으로 뛰어 들려는 순간 허리에 찬 감인대 주머니 속에서 '견디어라, 참아라, 기다려라!' 하는 소리가 들려왔습니다. 그는 두세 번이나 방안의 남녀를 해치려 했으나 '감인대' 소리를 듣고는 정신을 차리고 헛기침을 한즉 아내가 황급히 뛰어나와 반겼습니다.

"어찌 이렇게 저문 시간에 돌아오셔요. 대문도 안 열고 어디로 들어오셨어요. 밤낮으로 당신이 무사히 돌아오기를 빌었습니다."라고 하는 아내의 뒤를 따라 장인이 방안에서 나오면서 "자네가 가고 없는 동안 애가 집안이 허전하고 무서워 집을 봐 달라고 해서 이렇게 와 있다네. 먼 길에 얼마나 고생이 많았나. 볼일은 잘 보았는가?"라고 하는 것입니다.

참으로 놀라운 일이었습니다. 그는 깊이 뉘우치고 감인대 주머니의 신통함을 확실히 알게 되었습니다.

이튿날 아침, 재상 앞에 나아가 부탁한 약을 사왔다면서 감인대 주머니를 바쳤습니다. 감인대 주머니를 열어 고작 감인대(堪忍待)라는 세 글자를 쓴 종이쪽지를 꺼내 보고 재상은 노발대발 화부터 냈습니다.

"나를 속이는 것도 정도껏 해야지. 이 사기꾼 같은 놈아! 내 돈 삼천 냥은 다 어쩌고 달랑 종이 한 장만 가지고 왔단 말이냐?" 하면서 당장 끌어다가 물고를 내라고 불호령을 내렸습니다.

하인들이 덤벼들어 그를 끌어내려고 하자, 심복은 "소인이 형벌을 피할 생각은 추호도 없습니다. 소인의 충정을 한 번만 들어 주신다면 감인대 주머니를 사게 된 사연을 말씀드리겠습니다."라고 하였습니다.

이에 감인대 주머니를 사게 된 경위와 어젯밤 자기 집에서 있었던 일을 설명한 다음 "이 주머니가 아니었다면 장인과 아내를 죽이고 소인도 죽게 되어 결국 세 사람이 죽었을 것입니다. 이 주머니 덕분에 세 사람이 살았습니다."라고 호소했습니다.

심복으로부터 자초지종을 듣고 난 재상은 크게 깨달은 바 있어 그 주머니를 허리에 찼습니다. 재상은 그 뒤부터 성질이 변하여 후덕하고 유순하면서도 용기 있는 재상이 되었다고 합니다.

218

육근(六根)
다스리는 법

　　　　우리는 한 순간도 감각기관으로부터 자유롭
지 못합니다. 눈과 귀와 코와 입과 몸과 생각이 만나는 갖가지 느
낌으로 인해 탐내는 마음을 일으키고, 성내는 마음을 일으킬 뿐
아니라 시기, 질투하고 살생하는 마음까지 일으킵니다. 이 육근
을 잘 지키기만 하면 진정한 자유를 얻을 수 있는데 쉽지가 않습
니다.

　　부처님께서 사위성 기원정사에 계실 때의 일입니다.
　　어느 날 부처님께서 수행자들이 육근(六根: 眼耳鼻舌身意)을 어떻게
제어하고 다스릴지에 대해 말씀하셨습니다.

　　"차라리 날카로운 쇠송곳을 불에 달구어 눈을 지질지언정 모양
을 보고 난잡한 생각(亂想)을 일으키지 말라. 난잡한 생각을 일으

키면 바른 생각이 무너져 삼악도에 떨어진다. 그러므로 차라리 잠을 잘지언정 깨어 있으면서 난잡한 생각을 일으키지 말라고 한 것이다.

차라리 날카로운 송곳으로 귀를 찌를지언정 소리를 듣고 난잡한 생각을 일으키지 말라. 난잡한 생각을 일으키면 바른 생각이 무너져 삼악도에 떨어진다. 그러므로 차라리 잠을 잘지언정 깨어 있으면서 난잡한 생각을 일으키지 말라고 한 것이다.

차라리 날카로운 쇠사슬로 코를 얽어맬지언정 냄새를 맡고 난잡한 생각을 일으키지 말라. 난잡한 생각을 일으키면 바른 생각이 무너져 삼악도에 떨어진다. 그러므로 차라리 잠을 잘지언정 깨어 있으면서 난잡한 생각을 일으키지 말라고 한 것이다.

차라리 날카로운 칼로 혀를 자를지언정 나쁜 말과 추한 말을 하지 말라. 그런 말을 하면 바른 생각이 무너져 삼악도에 떨어진다. 그러므로 차라리 잠을 잘지언정 깨어 있으면서 난잡한 생각을 일으키지 말라고 한 것이다.

차라리 뜨거운 구리쇠판으로 그 몸을 쌀지언정 여자의 몸과 접촉하지 말라. 여자와 오가며 말하고 접촉하면 바른 생각이 무너져 삼악도에 떨어진다. 그러므로 차라리 잠을 잘지언정 깨어 있으면서 난잡한 생각을 일으키지 말라고 한 것이다.

차라리 잠을 잘지언정 깨어 있으면서 성중의 화합을 허물지 말라. 성중의 화합을 깨뜨리면 오역죄를 지어 1천의 부처님이 오셔도 마침내 구원받기 어렵다. 그러므로 차라리 잠을 잘지언정 깨어 있으면서 난잡한 생각을 일으키지 말라고 한 것이다.

수행자들이여, 그대들은 항상 육근을 잘 단속하여 실수가 없도록 하라. 그렇게 하면 수행에 큰 도움이 있을 것이다.”

– 『증일아함경』 「비상품」

인간의 고통은 결국 인간 스스로 지어온 업(業) 때문인데 업은 또한 탐내고 성내고 어리석은 탐·진·치 삼독심이 유발합니다. 그런데 이 삼독심이 어디서 생기느냐 하면 “이것이 좋다. 저것이 나쁘다. 그저 그렇다.”고 느끼는 육근 때문입니다. 부처님께서는 고통의 원인을 미세하게 참구해 들어가셔서 확연히 아신 것입니다.

육근이 삼독심을 낳고 삼독심이 업을 짓고 업이 또 다른 업을 자꾸 지어서 윤회의 사슬로 우리를 꼼짝 못하게 묶어서 고해의 바다에 내동댕이쳐 놓은 것입니다. 이것을 지혜롭게 알고 난 이상 나를 고해의 바다에 밀어 넣은 살인범인 육근을 마음씨 좋게 가만히 제멋대로 내버려두어서 되겠습니까? 그렇게 내버려두면 내가 인간으로 태어나 부처님 법을 만난 인연을 욕되게 하는 일이요, 다른 사람도 이익 되게 할 수 없습니다. 불자는 매순간 육근을 잘 살펴서 육근을 내 마음대로 부릴 줄 아는 주인공이 되어야 합니다.

사람을
바라보는 법

우리는 살아가면서 많은 사람들을 마주하고 삽니다. 그 속에는 지위가 높거나 낮은 사람, 부자, 가난한 사람, 인기가 좋은 사람, 천박한 사람 등등 사람들 모두가 한 편의 드라마를 보는 것처럼 제각각입니다. 그런데 우리는 대부분 사람들의 겉모습만 보고 판단하는 경우가 많습니다. 타인을 어떻게 바라보아야 하느냐 하는 문제는 더불어 살아가야 하는 인간계에서 매우 중요한 문제입니다.

우리가 사는 중생계는 편견과 고정관념이 가득한 세상입니다. 이 편견과 고정관념이 우리의 눈을 멀게 하고 있습니다. 편견과 고정관념은 사람들을 업신여기기도 하고 멸시하고 차별하기도 합니다. 계층 간에 위화감을 만들어 사회의 골이 깊어갑니다. 그러나 아무리 마음의 문이 열린 사람이라 하더라도 이 편견과 고정관념을 없애기란 쉬운 일이 아닙니다.

나 자신이 편견과 고정관념에 사로잡히면 오만에 빠지고 아만심에 젖어들어 점점 더 바른 견해를 유지하기가 어려워집니다. 바른 견해를 지니지 못하면 바른 생각도 바른 일도 할 수 없습니다. 팔정도를 닦기란 더욱 어려워집니다.

'고정관념을 버리자', '편견을 버리자'고 몇 번이고 다짐해 놓고도 막상 문을 나서면 포장된 껍데기에 사로잡혀 눈은 다시 멀어집니다. 부처님께서는 다음과 같이 사람을 바라보라고 가르치셨습니다.

> "모든 남자는 나의 아버지이며, 모든 여인은 나의 어머니이다. 부모님은 세세생생 나를 낳아서 나로 하여금 도를 배우게 하시므로, 이제 깨달음을 얻는 것은 다 부모의 은혜이니, 사람이 도를 배우고자 하면 효도로 정진하지 않으면 안 된다."
>
> ─『범망경』

"모든 남자는 나의 아버지이며, 모든 여인은 나의 어머니이다."라는 이 한 말씀이야말로 얼마나 값진 말씀인지 모릅니다. 내가 바라보는 세상 모든 남자를 나의 아버지로 바라보고, 내가 만나는 모든 여자를 나의 어머니로 바라보는 부처님의 견해에서 우리는 깨친 사람의 지혜로움을 배우게 됩니다.

그래야만 "부자간에, 형제간에 부부 간에 친족 간에 항상 서로 사랑하여 시기하거나 증오하지 말라. 안색은 항상 화평하게 하고 서로 멀리 있어도 걱정하는 마음을 가져라. 아버지의 사랑은 무덤까지 이어지고 어머니의 사랑은 영원까지 이어진다. 그러나 진정한 수행자의 사랑은 그 영원까지 뛰어넘는다."는『무량수경』의 말씀이 실천될 것입니다.

우리는 우리 스스로 우리를 에워싸고 있는 한계상황이라는 틀을 깨고 나와야 합니다. 그러나 지금 우리가 갇힌 틀에서 깨고 나오려는 틀은 너무나 견고하기 때문에 쉽지가 않습니다. 그러므로 길을 나설 때, 아침에 일어날 때 "모든 남자는 나의 아버지, 모든 여인은 나의 어머니"라는 자기 암시를 계속해야 합니다. 그래서 이 세상 모든 남자와 여자가 나를 잘 되게 키워주고 길을 열어주는 어버이로 보일 때 진리의 광명은 내 곁에 찾아올 것입니다.

재를 지내는
이유

옛날 중국에 구리가 많이 생산되는 산이 있었는데, 그 산에서 구리 광석을 채취하여 범종을 만들어, 황제가 사는 궁전에 걸어 두었습니다. 그런데 어느 날 누구도 종을 치지 않았는데도, 갑자기 종이 울리는 것이었습니다.

이를 이상하게 여긴 황제가 신하에게 명령을 내려 그 까닭을 알아보게 하였습니다. 그런데 놀랍게도 대궐의 종이 울던 그 시각에 그 종을 만들 때 사용한 광석이 출토된 산이 무너지는 천재지변이 있었다는 것입니다. 이런 현상을 '동기감응(同氣感應)'이라 하는데 우리 불교의 연기법과 비슷합니다.

『화엄경』에서는 연기법을 제석천의 그물망에 비유합니다. 인드라망은 제석천이 사는 도리천 세계의 하늘을 뒤덮은 그물을 지칭한 것입니다. 모든 그물의 매듭에는 구슬이 달려 있고 그 구슬 모두에는 사바세계 전체가 비추어진다고 합니다. 그물에 의해 서로 연결돼 있는 구슬들은 각각 다른 세상이지만 영향을 받습니다. 이 구슬들 중 하나가 흔들리면 모든 구슬이 파도치듯 흔들립니다.

모든 자연 만물은 서로서로 비추고 연결되어 있습니다. 인드라망의 세계, 연기의 세계입니다. 이것은 미신이 아닙니다. 우주 운행의 절대법칙입니다.

부처님께서는 연기법에 대해 다음과 같이 말씀하셨습니다.

"연기법은 내가 만든 것도 아니며, 다른 사람이 만든 것도 아니다. 그러나 연기법은 여래가 세상에 출현하든지 안 하든지 항상 존재한다. 여래는 이 법을 깨달아 해탈을 성취해서 중생을 위해 분별하여 설하며 깨우칠 뿐이다."

– 『잡아함경』

우리 인간도 마찬가집니다. 멀리 떨어져 직장생활을 하고 있는 사랑하는 자식이 아프면 부모도 아프다고 합니다. 산 사람과 죽은 영가와도 우리는 연결되어 있습니다. 조상이 다른 세상에서 잘 살면 현생의 후손도 잘 삽니다. 반대로 조상이 시끄러우면 집안이 시끄럽습니다. 그것은 조상과 나 자신이 연결되어 있기 때문입니다.

우리가 조상님을 위해 재를 베푸는 것도 이런 연기의 법칙에 따르는 것입니다. 더러 '절에서는 왜 그렇게 조상 천도를 강조하느냐?'고 의문을 갖는 사람이 있습니다. 그 이유는 죽어서 육신은 보이지 않지만 영가의 혼령은 구천에 남아 우리와 함께하고 있기 때문입니다. 물론 이미 다른 몸을 받은 경우도 많지만, 그렇지 못한 영가도 많다는 말씀입니다. 또한 다른 몸을 받은 분들에게도 정성은 통하기 마련입니다. 재식을 베풀어 공덕을 회향하면 삼악도의 고통 속에 놓여 있던 조상님도 이로 말미암아 극락왕생의 명복을 누리게 되는 것입니다.

요즘에는 조상을 모시는 제사를 귀찮다고 제사를 버리는 사람도 많이 있습니다. 제사 모시는 효행을 마귀 섬기는 악덕으로 가르치는 삿된 종교도 있습니다. 그것도 모자라서 남에게 제사를 모시지 말라고 권하는 사람들까지 있다니 참으로 안타까운 일입니다.

"정성된 제사는 가정과 나라의 번영과 발전을 이루는 기초이니라."고 하신 『장아함경』의 부처님의 말씀을 새겨야 하겠습니다. 그것이 가정을 지키고, 이 사회를 맑히는 일입니다.

우리는 눈에 보이는 것에 길들여져 있기 때문에 보이지 않는 것은 잘 믿으려 하지 않습니다. 그러나 눈에 보이지 않는 것이 더 무서운 법입니다. 눈에 보이지 않는다고 함부로 해서는 안 됩니다. 선망부모와 조상 영가들은 물론 인연 있는 여러 영가를 천도해 드리는 일은 나 자신은 물론 세상을 건지는 일입니다.

형상에
집착하지 말라

지혜로운 사람은 부처님의 가르침을 들으면 그 뜻을 깊이 생각해서 진리를 바르게 알기 때문에 항상 기쁨에 싸여 있습니다. 이 기쁨이 바로 법의 즐거움입니다. 세간의 즐거움과는 비교할 수 없는 법희선락(法喜禪樂), 법열(法悅)입니다. 그러나 스님이 아무리 좋은 말을 해 주어도 이 법문이 얼마나 좋은지 모르는 사람이 있습니다.

뱀을 잡는 땅꾼이 길에서 뱀을 보면 곧 막대기로 뱀의 머리를 꼭 누르지만 그 뱀이 자기를 누르는 손이나 팔을 감는다 해도 그 사람은 그 때문에 물려 죽거나 죽을 만큼의 고통을 받지는 않을 것입니다. 왜냐하면 그는 뱀 잡는 방법을 잘 알고 있기 때문입니다. 그러나 방법을 모르는 사람이 뱀의 꼬리를 잡으면 뱀은 머리를 돌려 손을 물고 말 것입니다. 이처럼 본뜻을 잘 새겨야 하는 것입니다.

부처님께서 말씀하셨습니다.

"수보리야, 너는 어떻게 생각하느냐. 몸의 형상으로써 여래를 볼 수 있겠느냐?"

"볼 수 없습니다. 여래를 몸의 형상으로써는 볼 수 없습니다. 여래께서 몸의 형상이라고 말씀하신 것은 진정한 형상이 아니기 때문입니다."

이와 같이 대답했을 때 부처님께서 수보리에게 말씀하셨습니다.

"모든 형상은 거짓이요, 허망한 것이다. 형상이 없는 것은 거짓이 아니다. 그러므로 형상이 있고 없는 양쪽에서 여래를 보아야 할 것이다."

그러자 수보리가 부처님께 여쭈었습니다.

"부처님, 이와 같은 법문을 듣고 믿을 사람이 있겠습니까?"

"그런 말 말아라. 내가 열반에 든 뒤 둘째 오백 년대에 계행을 가지고 복을 닦는 사람들이 이와 같은 법문을 들으면 진실이라고 믿을 것이다. 그들은 한두 부처님께만 귀의하여 착한 일을 한 것이 아니고 몇 십만이나 되는 많은 부처님께 귀의하여 착한 일을 하였기 때문에, 이와 같은 말씀을 들으면 곧 청정한 신심을 내는 것이다.

여래는 지혜의 눈으로 그들이 한량없는 복과 덕을 얻게 될 것을 모두 알고 또 볼 수 있다. 그들에게는 나라든가 남이라든가 중생이라든가 목숨이라는 집착이 없고, 법이라든가 법 아니라는 집착도 없다.

　그들이 만약 마음에 망상 분별을 일으키면 나와 남과 중생과 목숨에 집착하게 되는 것이다. 그러므로 법에도 집착하지 말고 법 아닌 데도 집착하지 말아야 한다. 내가 항상 너희에게 말하기를 '내 가르침을 물 건너는 뗏목과 같이 알라'고 하지 않았느냐. 법도 오히려 버려야 할 것인데 하물며 법 아닌 것이랴."

-『금강경』

　부처님께서 "법도 오히려 버려야 할 것인데 하물며 법 아닌 것이랴."고 하신 말씀을 가슴에 새겨서 일상생활을 돌아보면서 미혹에서 벗어나는 지혜로운 불자가 되어야 하겠습니다.

자살은
고통의
탈출구가 아니다

잊을 만하면 유명인의 자살이 온 나라를 우울하게 합니다.

서민의 자살은 말할 것도 없습니다. 생활고 때문에 서민 가장이 가족을 살해하고 스스로 목숨을 끊는 일이 많습니다. 어머니가 자신의 사랑스런 어린아이를 살해하고 함께 동반자살하고, 사랑하던 연인, 부부가 간음과 불륜으로 살해하고 자살하는 무서운 세태가 이어지고 있습니다. 인터넷에는 자살동호회까지 있어 동반자살을 부추기고 자살방법을 자세히 알려주면서 자살에 필요한 독극물까지 팔고 있다니 개탄하지 않을 수 없습니다.

자살은 단순히 자신의 목숨을 스스로 끊는 죄악에만 그치지 않습니다. 부모님이나 연인, 배우자, 심지어는 자식에게 평생 가슴에 지울 수 없는 멍에를 남기고, 때로는 제2의 자살을 유발하기도 합니다.

얼마 전 병든 아내가 아픔을 견디지 못해 건강한 남편에게 자신의 자살을 도와 달라 청하여 남편이 아내를 먼저 목 졸라 보내고 자신도 자살한 유명인 부부의 죽음을 보았습니다. 과연 그 죽음이 용서받을 수 있는 아름다운 죽음일까요? 그건 부부애를 가장한 악행에 다름없습니다. 죽여 달라고 한 아내나 아내를 먼저 보낸 남편이나 큰 악업을 지은 것입니다.

아무리 견디기 힘든 통증일지언정, 홀로 감당해야 하는데 공포와 고독감 때문에 남편을 사지(死地)로 함께 끌고 간 이기적인 악행입니다. 아무리 미사여구로 포장한다 해도 그것은 남을 살생한 타살에 불과합니다. 사랑하는 사람을 살인자로 만든 악행입니다.

자살은 고통의 탈출구가 아닙니다. 세속에서 살인자가 사형이나 무기징역 등의 옥고(獄苦)를 치르듯이 자살자는 살인이라는 무거운 업장(業障) 때문에 무서운 지옥과보(地獄果報)를 받게 됩니다. 따라서 병고(病苦)의 고통을 벗어나려고 자살을 선택했다면 참으로 무지(無知)하고 어리석은 생각이 아닐 수 없습니다.

기독교 성경(聖經)의 십계명에도 "살인하지 말지니라."고 하였고, 불교에서는 십악(十惡)의 첫째 계율이 생명을 죽이지 말라는 불살생(不殺生)입니다. 불교에서 특히 살인(殺人)은 사중죄(四重罪) 가운데 대살계(大殺戒)를 범하는 것이 되어 불타는 지옥형벌의 과보를 받게 된다고 하였습니다.

영혼은 죽는 순간의 그 상태 그대로 머문다고 합니다. 따라서 병고를 못 이겨 자살한 사람은 원을 풀어서 천도해 주기까지 병고의 고통을 지니고 외롭고 쓸쓸한 고독지옥(孤獨地獄) 속에서 끊임없이 반복해 고통을 받다가 다시 또 다른 지옥으로 윤회를 거듭한다고 합니다.

이 중생계는 얽히고설킨 매듭을 풀어가며 살아야 하는 세상입니다. 팔만사천 가지 번뇌를 매일 풀어가며 살아야 합니다. 아무리 잘 사는 사람도 이 번뇌와 고통의 세상을 벗어날 수는 없습니다. 그것을 인정하고 지혜롭게 살 방도를 찾아야 합니다.

극단적으로 이 번뇌의 세상을 탈출하고 도피하려고 자살이라는 달콤한 악마의 유혹에 빠져서는 안 됩니다. 돌아보면 나보다 더한 고통 속에서 살아가는 사람들은 얼마든지 많습니다. 그들은 오늘도 용기와 의지로 온갖 유혹을 이겨내고 참고 살아가고 있습니다. 자살은 고통의 탈출구가 아닙니다. 자살은 나를 죽일 뿐만 아니라 남도 죽이는 살생입니다.

9월

뿌린 대로
거두리라

살다가 일이 잘 안 되면 흔히 신세타령, 팔자타령을 합니다.
그러나 팔자나 신세는 자기가 지은 인과의 응보입니다.
인과는 누구에 의해 받는 것이 아니고 스스로 업(業)을 만들어서
얻는 것이고, 스스로 지어서 스스로 받는 것입니다.

인과는
분명해
부인할 수 없다

　『인과보응경』에 의하면, 야쇼다라가 라훌라를 임신했을 때 6년간이나 태중에 있어 육체적으로 고통을 받았고 또 태자의 아이가 아니라는 등 온갖 심적 고통을 당했습니다. 라훌라는 싯다르타 태자가 출가한 날 태에 들어 부처님이 대각을 성취한 날 출산합니다. 그 원인이 야쇼다라가 전생에 부귀영화를 누릴 때 다른 사람을 시켜서 물 한 통을 등에 지도록 한 과보가 무르익어 6년간 임신하는 고통을 불러온 것이라고 합니다.

　또한 어머니의 뱃속에서 6년간이나 있다 나온 라훌라는 전생에 왕이었는데, 그 나라의 신통을 얻은 어떤 선인이 찾아와서 죄를 지었다고 벌을 달라고 하자 '잠깐 기다리라' 하고는 선인이 물 한 모금 먹지 않고 밖에서 기다리는데도 6일이나 지나 밖으로 나와서는 '깜박 잊고 있었다'고 사과한 과보라고 합니다.

어쩌면 황당하게 들릴 수도 있는 이런 인과 이야기는 불교뿐만 아니라 민간에도 수많은 설화가 전하고 있습니다. 그런데 이와 같이 인과에 따라 그 과보를 받는 이야기, 즉 짐승이 사람의 몸을 받고 또 사람이 소나 개, 뱀의 몸을 받는 것에 대해 웃기는 이야기라고 믿지 않는 사람들도 많습니다. 하지만 지어낸 옛날이야기라고 일축하면서 믿든 안 믿든 이 인과는 객관적인 사실입니다.

비록 평범한 사람들이 미혹해서, 귀가 먹고 눈이 멀어서 인과에 대해 지금은 알 수 없지만, 선지식은 이런 세속의 인과와 윤회에 대해 손바닥을 뒤집듯 잘 알고 있습니다. 그러므로 지혜로운 사람의 가르침에 대해 의심할 필요가 없습니다. 마치 우리가 세속의 법에 대해서는 아는 게 별로 없지만, 법률학 전문가가 텔레비전에 나와서 한 마디 말하면 법률을 부인하지 않는 것과 같습니다.

순 임금은 중국 고대 전설적으로 전해오는 다섯 제왕 중 다섯째 임금입니다.

넷째 요(堯) 임금이 후계자를 구하고자 효자를 찾으라고 명령을 내렸습니다. 요 임금에게는 아들이 아홉이나 있었습니다. 신하들이 아홉 아들 가운데서 단주(丹朱)를 후계자로 천거했지만 겪어보니 임금감이 아니라고 판단하여 중국 전역에서 효자를 구하라고 했습니다. 요 임금의 명령을 받은 신하들은 효자를 얻으려고 방방곡곡을 헤매었습니다. 중국의 한(漢)족에서는 끝내 효자를 구하지 못하자, 조선 사람인 단(檀)족에서 효자를 구하게 되었습니다. 그래서 뽑힌 사람이 밭을 갈고, 질그릇 만들기와 고기잡이하던 우리 배달겨레의 후손으로 농부였던 천하대효 순(舜) 임금입니다.

순의 생모는 순을 낳고 돌아갔습니다. 그래서 순은 계모 밑에서 자랐습니다. 그의 부친과 계모, 그리고 이복동생이 여러 차례 그를 죽이려고 하였습니다. 순에게 창고의 지붕을 고치게 한 후 창고 안에 불을 놓았는데 순은 두 개의 삿갓을 들고 뛰어내려 모면하였습니다. 또 순이 우물을 팔 때 그의 부친과 동생이 위에서 우물을 메웠는데 순은 지하도를 파서 겨우 목숨을 건졌습니다. 그러나 순은 그들을 조금도 미워하지 않고 여전히 부친을 공경하고 동생을 사랑하였습니다. 그의 효심은 옥황상제를 감동시켜 순이 농사일을 할 때 코끼리가 밭을 갈아주고 새들이 풀을 뽑아주었다고 합니다.

요 임금은 순이 효심이 지극하고 정사를 처리하는 능력이 있음을 듣고 나서 두 딸을 순에게 시집보낸 후 오랜 기간 지켜보고 시험을 거쳐 순을 계승자로 정하였습니다. 순은 황제에 즉위한 후 여전히 부친을 찾아뵙고 공손히 대하였으며 동생 상을 제후로 봉하였다고 합니다. 순 임금이 조선 사람이라고 말한 이는 맹자였습니다. '수신제가치국평천하(修身齊家治國平天下)'라는 말이 곧 순 임금으로부터 시작된 말입니다.

순 임금 같은 분은 현세에서 황제라는 선과(善果)를 받았지만 현세에 받지 않더라도 인과는 주머니 속의 송곳이 삐져나오듯이 반드시 때가 되면 드러나게 마련입니다. 그러므로 불자들은 인과를 믿고 자신을 희생하고 타인을 이롭게 함을 정진으로 삼아서 선업을 닦아야 합니다. 선업은 나뿐만 아니라 삼계 중생 모두를 안락하게 합니다.

우리는 좋은 부처님 인연으로 이런 인과의 법문을 알았으니 온 힘을 다해 악행을 끊어 버려야 합니다. 억만 겁 가운데 복덕을 쌓아서 비로소 자신을 구원할 좋은 기회를 얻었는데 만일 이 기회를 잡지 못한다면 얼마나 안타까운 일이겠습니까?

염라대왕과의
약속

        옛날에 머리는 좋았으나 거만했던 유주창이라는 사람이 있었습니다. 그는 늘 다른 사람들을 업신여기고 무시했습니다. 누가 자신의 생각과 다른 말을 하면, 그걸 말이라고 하느냐면서 집어치우라며 무안을 주었습니다. 그렇게 살다가 유주창은 죽어 염라대왕을 만나게 되었습니다.

    "너는 조금 좋은 머리를 가졌다고 남들을 깔아뭉개며 살았으니, 그 죄업으로 말(馬)로 태어나 남을 태우고 다녀야겠다."

    유주창은 다시 말의 몸으로 태어났습니다. 똑똑한 사람으로 살다가 말이 된 자신의 처지가 서글퍼, 계속 '히이힝, 히이힝' 울었습니다. 그렇게 한참을 울다가 배가 고파 먹을 것을 찾았습니다. 어미 말의 젖이 먹고 싶었지만, '내가 누군데 어떻게 말 엉덩이 밑으로 들어가 젖을 빨겠는가' 하면서 굶었습니다.

    하지만 배가 너무 고파지자 하는 수 없이 먹었습니다. 그 후

다 자란 말은 마침내 장군을 태운 수레를 끌게 되었는데, 장군이 죽고 말도 나이가 들자 거름을 치우는 일을 하게 되었습니다. 말로 태어난 것도 억울한데 거름까지 치우게 되었다고 생각하자 화가 난 나머지 유주창은 스스로 물에 뛰어들어 죽고 말았습니다.

다시 유주창을 만난 염라대왕은 호통을 쳤습니다. "이놈이 아직도 정신을 못 차렸구나. 말이 되었으면 말로서 받아야 할 과보를 다 받아야지. 누가 네 멋대로 목숨을 끊으라고 하더냐! 이놈을 똥개로 만들어야겠다."

다시 똥개로 태어난 유주창은 사람의 똥을 먹으며 지내야 했습니다. '인간이었을 때는 방귀냄새만 나도 난리였는데, 이렇게 똥을 먹으며 살아야 하다니 차라리 죽자.' 유주창은 또 자살했고, 다시 염라대왕을 만났습니다. "이런 정신없는 놈을 보았나. 업을 받으라고 보냈으면 받고 와야지. 그래야 더 좋은 몸을 받거나 다른 길로 갈 것이 아니냐? 이놈아, 이제는 손도 발도 없는 뱀이나 되어라."

마침내 뱀의 몸을 받자 천하의 유주창도 정신이 번쩍 들어 단단히 결심했습니다. '아, 말과 개의 업보가 싫어 목숨을 끊었더니 점점 더 나쁜 과보를 받는구나! 이번 생에는 자살하지 않고 내 받을 것을 다 받으리라.' 유주창은 이슬을 받아먹으며 뱀의 몸으로 생존을 위해 열심히 살았습니다. 마침내 수명이 다하여 길을 건너다가 힘이 빠져 수레에 치여 죽었습니다.

그가 다시 염라대왕 앞으로 갔을 때 염라대왕은 환하게 웃으며 맞아주었습니다. "이제 네가 받을 빚을 다 받고 왔구나. 빚을 다 받았으니 사람의 몸으로 태어나 네가 경험한 일을 세상에 전하도록 하여라." 이렇게 다시 사람으로 태어난 유주창은 인과응보의 분명함은 물론이요, 스스로 목숨을 끊는 자살의 과보를 널리 전하였다고 합니다.

우리도 유주창과 다를 바가 없습니다. 지금 비록 어려움이 있을지라도 포기하지 말아야 합니다. 어떠한 고난이 와도 견디고, 그 모든 액난까지도 겸허하게 받아들이려고 노력해야 합니다. 이럴 때 진정 내 마음까지 사랑할 줄 알게 됩니다.

사랑 중에서도 최고의 사랑은 나를 사랑하는 일입니다. 오늘 혹시 내 몸과 마음이 많이 고달프다면 '아, 전생 과보가 찾아왔구나! 지금부터라도 내 마음에 행복과 기쁨의 씨앗을 뿌려서 꽃을 피워야지.' 이렇게 생각을 바꾸어 나를 잘 다스려야 심신이 건강해지고, 행복해집니다.

유주창처럼 우리는 모두 염라대왕 앞에서 약속을 하고 왔습니다. 인간으로 태어나기를 작정했을 때, 인간으로 잘 살다 오겠다고 약속해 놓고 그 약속을 까맣게 잊고 자살하면 또 어떤 과보를 받을지 참 걱정스럽습니다.

원수가
가족이 되다

　　세상에는 원수 같은 자식도 있고, 원수 같은 부모도 있습니다. 가족이라면 세상에서 가장 가까운 관계인데 어째서 그렇게 만나게 될까요? 오랜 세월, 셀 수 없는 세월 동안의 깊은 인연이 있어야 가족이 될 수 있습니다. 그런데 좋은 인연만 가족이 되는 게 아니라 악연이 가족이 되는 경우도 있습니다. 원수가 더 큰 괴로움을 주기 위해 가족으로 태어나는 경우도 있다는 말입니다.

　　조선시대 말, 충청도의 한 고갯마루에서 자식도 없는 내외가 조그마한 주막을 차려 근근이 살림을 꾸려가고 있었습니다. 그런데 어쩐 일인지 어느 날 갑자기 큰 기와집과 논밭을 사들여 마을 안의 제일 부자가 되었습니다.
　　그리고 없던 자식도 해마다 낳아 슬하에 세 아들을 두게 되었

습니다. 그들 부부는 금이야 옥이야 하면서 아들들을 키웠고 글
공부도 많이 시켰습니다. 세 아들은 모두 과거에 응시해 한꺼번
에 급제하였습니다.

과거에 급제한 세 아들이 한양에서 돌아오는 날, 내외는 잔
칫상을 차려놓고 마을 사람들과 기다렸습니다. 마침내 세 아들은
마을 어귀로 들어섰고 부모와 마을 사람들은 환호하며 이들을 영
접하였습니다. 아들들은 부모님께 절을 올리려고 말에서 내렸습
니다. 그런데 이상하게도 셋 모두가 발을 헛디뎌 땅바닥에 굴러
떨어지더니 아들 셋이 모두 다 죽고 말았습니다. 순식간에 잔칫
집은 초상집으로 바뀌었습니다. 두 내외는 청천벽력 같은 이 일
이 귀신 때문이라 생각하고 고을 원님을 찾아가 아들들의 원수를
갚아달라고 애원했습니다.

원님은 이들 내외를 위로하고 보낸 후, 측은한 마음이 떠나지
않아 귀신을 불러 물어보리라 생각하고 이방을 불렀습니다.

"이방은 쌀을 일곱 번 쓸고 일곱 번 씻어 밥을 지은 다음, 밥
상을 차려 방죽 옆의 다리 위에 차려 놓아라."

이어서 원님은 편지를 한 장 써서 담력이 큰 사령에게 주며
말했습니다.

"오늘 밤 자정에 방죽 옆의 다리로 가면 밥상을 받고 있는 늙
은이들이 있을 것이니, 그분들에게 이 편지를 전해드려라."

자정이 되어 사령이 다리로 나가자, 과연 노인장 세 분이 밥
상 앞에 앉아 있었습니다. 사령이 원님의 편지를 전하자, 노인장

들은 편지를 읽고 자리에서 일어서며 말했습니다.

"시장하던 차에 대접도 잘 받았고, 이 고을에 왔으니 원님을 만나보고 가는 것도 좋겠군!"

그리고는 담이 큰 사령을 따라왔습니다. 원님은 그들을 방안으로 모신 다음 따졌습니다.

"아무리 사람의 목숨을 다루는 염라대왕의 사자라고는 하지만, 이제 막 과거에 급제한 꽃다운 목숨을 셋씩이나 한꺼번에 앗아가다니! 그렇게 사람의 목숨을 함부로 다루어도 됩니까?"

"허허, 사실은 세 젊은이가 전생의 원수인 부모에게 복수를 하기 위해 죽은 것이외다. 20여 년 전의 일입니다. 유기장수 세 사람이 고갯마루의 주막에서 하룻밤을 묵었을 때 주인 내외가 한밤중에 그들을 죽여 돈을 빼앗고 시체는 마구간 밑에 묻었지요. 주막집 내외는 부자가 되었고 원통하게 죽은 세 유기장사는 원수를 갚기 위해 주막집 내외의 아들로 태어났던 것입니다."

이 말을 마치고 세 늙은이는 자취를 감추었습니다. 원님은 날이 밝기가 무섭게 사령들을 파견하여 고갯마루 주막집의 마구간 밑을 파헤쳐 보도록 하였습니다. 과연 염라대왕 사자들이 말한 대로 마구간 밑에는 시체 세 구가 썩지도 않은 채 있었습니다. 원님은 곧 두 내외를 잡아들여 죄를 자백 받고 그들을 처벌하였다는 이야기가 전해내려 옵니다.

우리는 오랜 영겁의 세월 동안 많은 업을 지으며 살아왔습니다. 그 중에는 가장 오래 시간을 함께 보낸 가족관계 속에서 지은 업이 가장 많습니다. 가족 사이에는 좋은 업도 있지만 크고 작은 나쁜 업을 많이 지으며 삽니다. 그 업이 또 미래의 관계를 만드는 것입니다.

만약 가족 중에 속을 썩이는 사람이 있다면 분명 전생의 업을 갚으라고 찾아온 인연일 것입니다. 우리는 지금 가족으로 맺은 인연을 잘 갈무리해야 합니다. 항상 참회하는 마음으로 가족을 대해야 합니다. 맺힌 것이 있으면 풀고, 좋은 인연이라도 늘 조심하며 말과 행동을 잘 다스려야 합니다. 가족이라고 함부로 하면 다음 생에 또 다시 나쁜 인연으로 만나게 됩니다.

두 개의
갈대단

       불교에서는 이 세상이 어떻게 생겨났는가 하면 인연화합으로 생겨났다고 말합니다. 이것은 부처님께서 만든 것도 아니고 하느님이 만든 것도 아닙니다. 본래 태고 이전부터 스스로 조건에 따라 성립하고, 사라짐을 끊임없이 반복 순환하는 법칙입니다.

> "이것이 있으므로 저것이 있고 이것이 생하므로 저것이 생한다.
> 이것이 없으므로 저것이 없고 이것이 멸하므로 저것이 멸한다."
> – 『잡아함경』

    원인 없는 결과가 있을 수 없다는 것입니다. 어떤 원인에 어떤 인연이 닿아서 생겨나고 소멸한다는 것입니다. 이렇게 서로 의지하는 상관관계를 상의상관성(相依相關性)이라 합니다.

이 말은 이 세상의 모든 존재는 홀로 생긴 것이 아니라, 어떤 조건이 있어서 생기고 그 조건이 없어지면 멸하는 것입니다. 조건이 없이 생긴 것은 있을 수 없다는 것입니다. 그것을 불교적으로 표현하면 '인연생, 인연멸—인연에 의해서 생기고, 인연에 의해서 멸한다는 것'입니다.

『잡아함경』에 상의상관성을 나타내는 갈대단의 비유가 있습니다. 사리불 존자가 콧티카라 비구의 질문에 이렇게 말씀하셨습니다.

> "벗이여, 여기 두 개의 갈대단이 있다고 하자. 그 갈대단은 서로 의지하고 있을 때만 서 있을 수 있다. 그와 같이 이것이 있으므로 저것이 있을 것이며, 저것이 있기 때문에 이것이 있는 것이다. 그러나 만약 두 개의 갈대단 중 어느 하나를 제거한다면 다른 갈대단도 넘어질 것이다."
>
> —『상응부 경전』

두 개의 갈대단이 서로 의지해 있듯이 서로 깊은 관계 속에 더불어 있다는 것입니다. 이러한 연기의 상의성 즉 모든 것이 더불어 있다는 안목으로 볼 때 나라는 존재 또한 사람과 사물을 포함한 모든 존재들과 동떨어져서 혼자 있는 것이 아니라, 깊은 유기적인 관계 속에 더불어 있다는 사실을 알 수 있습니다.

한 그릇의 밥이 내 앞에 오려면 농부의 땀방울이 있어야 하고 벼를 성장시킬 수 있는 적당한 햇빛, 빗방울이 있어야 벼가 성장합니다. 한 그릇의 밥을 먹을 수 있다는 그 자체가 그대로 나와 전 우주, 한량없는 사람들과 관계 속에서만 가능한 것입니다.

이것이 있으므로 저것이 있다는 경전의 말씀은 만물이 서로 더불어 의지하고 있다는, 떼려고 해도 뗄 수 없는 깊은 관계 속에 산다는 존재의 참다운 모습을 가르치는 말입니다. 우리는 이 연기의 관계를 잘 알아야 합니다. 이 연기법을 잘 알면 욕심을 내지 않고 서로 좋은 관계를 맺고 늘 아름답고 편안하게 살 수 있습니다.

사자성어에 '자기기인(自欺欺人)'이라는 말이 있습니다. '자신도 속이고 남도 속인다'는 말입니다. 생각할수록 무서운 말입니다. 남은 물론 자기 자신마저 속이는 일은 내가 남과 다르다는 분별심의 극치를 나타내는 말입니다.

'나는 나요, 너는 너다'식의 생각이 이 사회를 물들이고 있습니다. 노사관계, 교육문제, 국토개발문제 등 우리 사회의 모든 갈등의 원인은 이 땅의 존재를 연기적 상의상관 관계로 보지 않는데 근본적인 원인이 있습니다.

인간과 세계 사이에는 인과의 법칙이, 사물의 생멸변화에는 인연화합의 법칙이, 존재와 존재 사이에는 상의상관의 법칙이 존재함을 인식해야 합니다. 우리들은 이 법칙과 하나 되어 살아가야 하겠습니다.

메추리와
코끼리의
인과응보

메추리가 보금자리를 치고 알을 품었습니다. 며칠 지나 아기 메추리들이 알을 깨고 나왔습니다.

그런데 난데없이 코끼리 떼가 메추리 둥지 옆을 지나가게 되었습니다. 코끼리가 지나가면 아직 날 수도 없는 아기메추리들은 죽을 것이 뻔했습니다.

엄마메추리가 대장코끼리를 찾아가 사정을 이야기하니 알았다고 하면서 맨 뒤의 코끼리는 대장의 말도 잘 듣지 않는 고약한 녀석이니 조심하라고 일러주었습니다. 엄마메추리는 다시 맨 뒤의 코끼리를 찾아가 사정했습니다.

"지나갈 때 우리 아기들이 다치지 않도록 꼭 좀 부탁드립니다."

맨 뒤의 코끼리가 아기메추리들을 밟고 지나려고 하였습니다. 엄마메추리가 애원하였습니다. 목숨을 걸고 애원하였습니다.

"조그마한 게 무슨 은혜를 갚겠다고." 코끼리는 코웃음을 치며 대수롭지 않다는 듯 밟고 지나갔습니다. 엄마메추리는 천추의 한을 품고, 복수를 결심하였습니다. 먼저 까마귀에게 사정하여 도움을 청하고, 쇠파리에게 구걸하여 도움을 얻었습니다.

잠들어 있는 코끼리의 눈을 까마귀가 쪼았습니다. 그 때 쇠파리가 코끼리의 눈에 알을 깠습니다. 코끼리 눈에는 곧 구더기가 들끓어 눈을 파먹어 실명하게 되었습니다. 메추리는 다시 개구리에게 부탁하였습니다. 개구리는 개굴개굴 울면서 절벽 꼭대기로 올라갔습니다. 앞을 보지 못하는 코끼리는 목이 말라 개구리 소리를 따라갔습니다. 개구리는 절벽 위에 오르자 이번에는 아래로 내려갔습니다. 코끼리는 목이 말라 개구리의 울음소리를 쫓다가 낭떠러지에 떨어져 죽고 말았습니다.

코끼리가 길을 가다가 밟은 새둥지는 코끼리한테는 하찮은 새둥지일지 모르지만 메추리에게는 전부입니다. 알고 했든 모르고 했든, 그것은 메추리에게는 어여쁜 새끼를 잃은 씻을 수 없는 아픔이었습니다.

세상을 살면서 작은 원망이라도 사지 말아야 합니다. 우리가 사는 세상에는 독하고, 나쁘게 해서 잘 사는 사람들이 무수히 많습니다. 그러나 그것은 일시적입니다. 마치 메추리가 코끼리를 죽이는 과정처럼, 반드시 인과응보가 찾아오게 됩니다. 그 과보는 지금 이 세상에서 바로 받기도 하고 다음 생에서 받기도 합니다.

연기법의
고마움

　　　　부처님께서 기원정사에 계실 때 비구들에게
말씀하셨습니다.

　"내가 아직 깨달음을 이루지 못했을 때, 혼자 고요한 곳에 앉
아 선정을 닦다가 이렇게 생각했다.

　'세상에는 들어가기 어렵다. 생로병사가 있기 때문이다. 그런
데도 중생들은 생로병사와 그것이 의지하는 바를 알지 못하고 있
다.'

　나는 또 이렇게 생각했었다.

　'무엇이 있어 생(生)이 있고 무엇을 인연하여 생이 있는가?' 그
러다가 마침내 참다운 지혜를 알게 되었다. 즉, 존재가 있기 때문
에 생이 있고, 존재를 인연하여 생이 있다. 그러면 무엇이 있어
존재가 있고, 무엇을 인연하여 존재가 있는가?

　그렇다, 취(取)가 있기 때문에 존재가 있으며, 취를 인연하여

존재가 있다. 취는 사물에 맛들이고 집착하여 돌아보고 생각하여 마음이 거기에 묶이면, 애욕이 더하고 자라나게 된다. 그 욕망이 있기 때문에 취가 있고, 또 욕망을 인연하므로 취가 있다. 취를 인연하여 존재가 있고, 존재를 인연하여 생이 있으며, 생을 인연하여 노·병·사와 걱정 근심과 괴로움이 있다.

이렇게 해서 큰 괴로움의 무더기가 모인다. 등불은 기름과 심지를 인연하여 커지고 기름과 심지를 더하면 오래 가게 된다. 그와 같이 사물을 취하고 맛들이고 집착하며 돌아보고 생각하면 욕망의 무더기는 더하고 자라난다.'

그 때 나는 또 이렇게 생각했다.

'무엇이 없어야 노·병·사가 없어질까?' 그렇다 생이 없으면 노·병·사도 없을 것이다. 존재가 없으면 생도 없다. 취가 없으면 존재도 없을 것이다. 이와 같이 하여 욕망을 떠나 마음을 돌아보거나 생각하지 아니하고 마음이 묶이지 않으면 욕망도 곧 멸할 것이다. 그 욕망이 멸하면 취가 멸하고, 취가 멸하면 존재가 멸하고, 존재가 멸하면 생이 멸하고, 노·병·사와 걱정 근심과 괴로움도 멸한다. 이렇게 해서 큰 괴로움의 무더기가 멸하는 것이다.'

기름과 심지로 등불을 켜는 것이므로 기름을 더하거나 심지를 돋우지 않으면 등불은 오래지 않아 꺼지고 말 것이다. 그와 같이 모든 것은 덧없이 생하는 것이라고 관찰하여, 욕망을 끊어 버리고 마음이 돌아보거나 생각하지 않고 묶이어 집착하지 않으면 마침내 괴로움의 무더기도 멸해 없어질 것이다." 『잡아함경』

부처님께서 중생의 괴로운 모든 고뇌를 떠나기 위해 그 발생과 소멸을 무명(無明), 행(行), 식(識), 명색(名色), 육입(六入), 촉(觸), 수(受), 애(愛), 취(取), 유(有), 생(生), 노사(老死)의 12가지로 풀어놓은 12인연법은 사성제-고집멸도(苦集滅道)를 확장한 것으로 인간의 윤회 과정을 의미합니다. 경우에 따라서는 12연기를 혹(惑)·업(業)·고(苦)라고 해서 미혹하면 업을 짓고, 업을 지으면 고통을 받는다는 뜻입니다.

이 인연법이야말로 부처님께서 고행 끝에 온몸으로 깨달으신 진리입니다. 부처님께서 고해에서 허덕이고 있는 우리들을 위해 어쩌면 이렇게도 자상하게 설해 놓으셨는지 '부처님 고맙습니다.' 하는 말이 절로 나올 정도입니다. 역대 선지식들께서도 이 연기법을 통해 성불하셨습니다.

우리 불자들 또한 몇 번이고, 앞에서 뒤로, 또 뒤에서 앞으로 외우고, 뜻을 새기며 생각하고 거듭 생각해서 고통으로부터 대자유를 얻고 환한 광명을 맞이하시기 바랍니다.

대법사가 된
자벌레

환성지안(喚惺志安, 1664~1729) 선사는 조선 후기
숭유억불의 암울한 시대에 정법의 등불을 밝혔던 고승입니다. 허
응당 보우 스님과 같이 제주도로 유배된 후 일주일 만에 입적하
셨을 때, 사흘 동안 한라산이 울고 인근 바닷물이 끓어오르는 이
변을 보였다는 대선지식입니다. 스님의 전생일화를 소개합니다.

어느 날 스님이 석왕사 대법당에서 설법을 하고 있는데, 한
사람이 법당 문을 열고 들여다보는 것이었습니다. 키는 9척 장신
이고 화등잔처럼 부리부리하게 큰 두 눈에서는 빛이 쏟아져 나왔
습니다. 코는 주먹만큼 긴 굉장한 거인이었습니다. 그 거인이 설
법하는 스님을 쓱 쳐다보더니 한 마디 툭 내뱉었습니다.

"난 또 누구라고, 자벌레 어르신네가 대단해지셨구먼."

그리고는 문을 닫고 사라지는 것이었습니다. 대중들은 갑작
스런 이 장면에 두 눈이 둥그레져 스님에게 여쭈었습니다.

"웬 사람인데 스님께 자벌레라고 합니까?"

스님은 미소를 지으시며 전생 이야기를 하셨습니다.

"그 사람은 부처님 당시 화엄신장이었던 분이다. 나는 그 때 자벌레였는데, 부처님께서 법문을 하실 때마다 법상에 붙어서 법문을 들었다. 그 때 자벌레의 몸이었으나 열심히 부처님 법문을 들은 공덕으로 그 다음 생에 인간의 몸을 받아 이렇게 중이 되었고, 오늘날의 화엄 대법사가 된 것이다. 그 때부터 삼천 년이 지났지만 그 화엄신장은 나이를 몇 살밖에 더 먹지 않은 것 같구나."

부처님 앞에서 설법을 듣던 자벌레도 화엄 대법사가 될 수 있다는 이야기입니다. 불교는 이렇게 멋있는 종교입니다. 시공을 초월해 영원히 사는 도리가 불교입니다. 도리는 이렇게 분명하지만 어떻게 사느냐 하는 것은 우리 자신이 문제입니다.

우리는 인간입니다. 그렇게 나기 힘들다는 인간의 몸을 받았고, 또 부처님 법을 만났습니다. 죽는 소리 하지 마세요. 우리는 운 좋은 사람들입니다. 벌레로 태어나 밟혀 죽을 팔자는 아니지 않습니까? 벌레도 대법사스님이 되었는데, 우리가 만약 불퇴전의 결심을 세워서 수행한다면 대법사가 아니라 불보살도 능히 될 수 있을 것입니다. 문제는 바로 내 마음에 달려 있습니다. 지금 이 자리에서부터 마음을 내야 합니다. 머지않아 썩어문드러질 몸뚱이는 너무 믿지 말고, 지금이 마지막이라 생각하고 닦아나갑시다.

인연업과(因緣業果)의
법칙

『화엄경』에 문수보살이 보수보살에게 묻습니다.

"사람은 똑같이 흙·물·불·바람 기운으로 이루어져 있어서 다 같이 나와 내 것이 없는 터인데, 어찌하여 어떤 사람은 괴로움을 받고, 어떤 사람은 즐거움을 받으며, 어떤 사람은 단정하고, 어떤 사람은 추악하며, 어떤 사람은 현세에서 과보를 받고, 어떤 사람은 후세에 가서야 과보를 받게 되는 것입니까?"

이에 보수보살이 대답하였습니다.

"그 행위를 따라서 과보의 차이가 생기는 것입니다. 비유하자면, 맑은 거울이 그 대하는 사물의 모양에 따라 비추는 모습이 각기 다른 것과 같습니다. 업의 본성(本性)도 이와 같아 밭에 뿌려진 씨가 각기 스스로 느끼지 못하지만 저절로 싹을 틔우는 것과 같으며, 환술사가 네거리에서 여러 몸을 나타내는 것과도 같습니다."

불가에서는 인연이라는 말을 많이 씁니다.

옛말에 "한 그루의 나무 그늘에 쉬고 한 하천의 물을 쓰는 것도 전생부터의 인연이다."라고 하였습니다. 이 세상만사는 원인과 조건에 의해 상호관계를 하지 혼자 저절로 이루어지는 것은 없습니다. 그러므로 이 세상을 살 때는 항상 인연을 소중하게 여기며 살아야 합니다. 예사롭게 보지 말고 좋은 인연으로 잘 가꾸며 살면 복이 됩니다.

인과 연이 모여서 결실을 이루게 하는 과정이 업(業)입니다. 이 업을 어떻게 닦느냐에 따라 좋은 일도 나타나고 나쁜 일도 닥칩니다. 인과의 이치는 명명백백하기에 인과응보(因果應報)라고 합니다. 인과의 법칙은 누구도 비켜갈 수 없는 철칙입니다.

지금부터 80여 년 전 경북 달성군 가창면 어느 마을에 이씨 성을 가진 부자가 살고 있었습니다. 그 집에는 감나무가 80주가 넘어 흔하고 흔한 게 감이었는데, 그의 어머니는 인정 없고 베풀 줄 모르는 사람이라 감이 물러서 떨어지는 것이 있어도 누구 하나 주워가지 못하게 하고 밤낮으로 지켰습니다. 나이 70세가 넘어서도 꼭꼭 쌀독을 지키며 며느리가 쌀독 근처에 얼씬도 못하게 하고, 또 돈이 생겨도 아들이 참견하지 못하게 하였습니다.

그래서 마을 사람들은 할머니를 구두쇠 할머니라고 손가락질 하였습니다. 할머니가 늙어서 운명하자 아들은 좋은 묘 터를 구하여 모시려고 우선 감나무 밑에 가매장을 해 놓았습니다. 그런데 얼마 후 며느리가 밥을 지으려고 쌀독 뚜껑을 열어보니 그 속에 한 자 가량 되는 뱀이 있었습니다.

기겁을 해서 쫓아내고 쌀을 꺼내어 밥을 지었습니다. 지은 밥을 빈소에 올리려고 하니 쌀독에서 보았던 그 뱀이 혼백상자 안에 들어가 있었습니다. 이 말을 들은 아들이 가매장한 묘소로 가보니 묘소에 조그마한 구멍이 하나 뚫려 있는데 그 뱀이 그 속으로 들어갔습니다. 아들은 "죽은 혼령도 팔도 구경을 하면 좋은 곳에 간다."는 말이 기억났습니다.

아들은 상자 하나를 잘 마련하여 뱀 구멍 앞에 두고, "어머님이 뱀이 되었거든 이 속으로 제발 들어가십시오."라고 하였습니다. 그러자 뱀이 나와 곧 상자 속으로 들어갔습니다. 아들은 이 상자를 들고 팔도를 유람하였습니다.

경치가 좋다는 금강산을 유람하던 중 유점사에 이르렀습니다. 유점사 주지스님께 어머니에 대한 말씀을 드리니 천도를 해드리는 것이 좋겠다고 해서 49일간 기도를 지극히 하여 49재를 올려드리니 그만 뱀이 상자 속에서 죽고 말았습니다. 며칠 후 아들의 꿈에 어머니가 나타나 말했습니다.

"내가 살아서 욕심을 많이 내고 남에게 베풀 줄 모르고 좋은 일이라고는 조금도 하지 않아 뱀의 몸을 받았다. 그러나 너의 그 정성과 유점사 스님의 법력으로 부처님께서 인도하셔서 좋은 곳에 태어나니 그렇게 알고 안심하여라."

아들은 어머니가 천도된 줄 알고 집에 돌아와 재산을 나누어

불사도 하고 이웃을 위해 자비를 실천하면서 살았다고 합니다.

　인과는 바로 나타나는 수도 있지만 몇 달 후, 몇 년 후에 나타나기도 하고, 위의 이야기처럼 죽은 후 다음 생에 나타나기도 합니다. 당장 과보를 받지 않는다고 하더라도 세세생생 언젠가는 반드시 응보가 있습니다.

　살다가 일이 잘 안 되면 흔히 신세타령, 팔자타령을 합니다. 그러나 팔자나 신세는 자기가 지은 인과의 응보입니다. 인과는 누구에 의해 받는 것이 아니고 스스로 업(業)을 만들어서 얻는 것이고, 스스로 지어서 스스로 받는 것입니다. 자업자득(自業自得)이요, 자작자수(自作自受)입니다.

　부처님께서 말씀하시기를, "만 가지 업은 스스로 지어서 받는 것이니라. 만약 전생에 인과를 묻는 자가 있거든 동서고금의 현인달사(賢人達士)를 보라. 그들은 전생에 복을 지었기 때문에 현인이 되고 달사가 되었느니라." 하셨습니다.

10월

본 마음으로 돌아가라

본래 마음에 돌아가면 모두가 다 나 자신입니다.
너와 내가 따로 없습니다. 이웃은 물론 천지가 모두 내 몸이니
아끼고 사랑하고 베풀지 않고는 못 견딥니다.
그런 마음이 밖으로 표현되면 바로 사랑이고, 자비고, 보시고, 공양입니다.
이런 갓난아기 때의 본마음을 자꾸 써야 마음이 젊어지고,
마음이 젊어지면 자연히 몸도 건강해지는 법입니다.

경전은
어둠을 밝히는
등불

불자들의 수행과정을 일러 신(信)·해(解)·행(行)·증(證)의 네 단계로 나눕니다. 첫째가 진리를 향해 물러서지 않는 간절한 믿음을 세우는 신심이고, 둘째는 경전을 통해 부처님께서 설해 놓으신 길을 바르게 아는 행이고, 셋째는 그 바른 길을 실천하고 닦는 일이고, 마지막으로 진리의 세계를 스스로 체험해서 스스로 증득하는 것이 불교를 신행하는 과정입니다.

이 네 단계는 불자들이 꼭 알아두어야 합니다. 어느 한 단계도 소홀히 해서는 안 됩니다. 혹자는 참선이 제일이라고 하고, 혹자는 경전만을 중요시해서 행에 소홀하기도 하는데 한 쪽으로 치우치는 것은 바람직하지 않습니다. 그런데 이 네 단계 중에서도 불교를 자신의 인생의 나침반으로 삼고 살아가기로 한 사람이라면, 어느 정도 신앙심이 무르익고 나면 반드시 부처님의 바른 가르침을 담은 경전과 친하지 않으면 안 됩니다.

왜냐하면 경전은 어둠을 밝히는 등불과 같기 때문입니다. 무조건 믿는 맹신이 되면 보다 상승된 단계로 나아가지 못하고 자기도취와 아만심에 스스로 자기를 가두고 맙니다.

불교를 바르게 아는 것이 경전 읽기입니다. 경전을 읽다 보면 놀라울 만큼 다양한 이야기가 설해져 있습니다. 우리가 쉽게 이해하기 힘든 차원의 말씀에서부터 일상생활의 전반적인 삶에 대한 지혜가 있고, 철학과 과학, 문학, 의학, 동식물학, 심리학, 미술, 음악, 설화와 같은 이야기에 이르기까지 풍부한 내용이 실려 있습니다.

더러는 세계 최고의 책이 바이블(성경)이라고 말하는 사람이 많습니다. 그러나 양적으로나 깊이로나 바이블은 부처님의 경전에 비할 바 못 된다는 것을 식견 있는 사람은 느낄 것입니다.

불경을 어렵고 난해하게만 받아들이지 말고 이 속에 우리의 일상생활이 숨어 있다는 친근한 시각에서 접근하면 무한한 내용이 열립니다. 그렇다고 단순한 읽을거리로 보라는 말씀은 아닙니다. 친근하게 접근하고, 자주 가까이 두되 그 속에 흐르는 부처님의 마음을 찾으려고 노력해야 합니다.

'과연 부처님께서는 어떤 마음으로 이런 말씀을 하셨을까?' 하는 의문을 갖고 찬찬히 읽어야 합니다.

때로는 한 번 하신 말씀을 몇 번이고 되풀이하실 때도 있어 인내심이 필요할 때도 있습니다. 그 때는 '왜 부처님께서는 이렇게 되풀이해 하신 말씀을 또 하실까?' 하면서 꾸준히 읽다 보면 저절로 고개가 숙여질 때가 있습니다. 그 속에는 부처님의 자상한 마음과 제불보살의 지고한 자비로움이 있습니다.

그래서 불경은 그냥 읽고 마는 것이 아니라 꼭꼭 씹어서 뜻을 헤아리는 간경(看經)을 합니다. 의식을 할 때는 소리 내어 읽는 독경(讀經)도 하지만 뜻을 새기고 살피며 자기의 공부를 지어가는 간경이 반드시 필요합니다. 그래야 진리와 부처님께 한 걸음씩 다가갈 수 있습니다.

천지팔양신주경의
핵심 가르침

『천지팔양신주경』은 보통 이사할 때 독송하는 경전으로, 우리 중생계의 온갖 액난을 소멸시키는 경이라고만 알고 있는 불자들이 많습니다. 하지만 『천지팔양신주경』은 짧은 경전이면서도 재가자들의 일상적인 방편법문부터 최상승의 법문까지 망라한 경전입니다. 다음의 말씀을 통해 전도된 삶에서 벗어나는 법을 배울 수 있습니다.

"부처님께서 무애보살에게 이르시되, 만약 선남자 선여인이 중생들을 위해서 이 경을 강설함으로써 실상(實相)을 깨닫고 깊은 이치를 얻으면, 그 몸이 바로 부처님의 몸이요, 그 마음이 바로 불법의 마음이라는 것을 알 것이니, 그렇게 능히 아는 바가 곧 지혜인 것이므로,

눈으로는 항상 여러 가지 한없는 색을 보거든 색이 곧 공이고,

공이 곧 색이며 수와 상과 행과 색도 역시 공이므로 이것이 묘색신여래이며, 귀로 항상 여러 가지 한없는 소리를 듣거든 소리가 곧 공이고, 공이 곧 소리이므로 이것이 묘음성여래이며, 코로 항상 여러 가지 한없는 냄새를 맡거든 냄새가 곧 공이고, 공이 곧 냄새이므로 이것이 향적여래이며,

혀로 항상 여러 가지 한없는 맛을 알거든 맛이 곧 공이고, 공이 곧 맛이 되므로 이것이 법희여래이며, 몸으로 항상 여러 가지 한없는 촉을 느끼거든 촉이 곧 공이고, 공이 곧 촉이므로 이것이 지승여래이며, 뜻으로 항상 여러 가지 한없는 법을 생각하며 분별하거든 법이 곧 공이고, 공이 곧 법이므로 이것이 법명여래니라.

선남자야, 이 육근이 나타나되 사람들이 입으로 항상 착한 말을 해서 착한 법이 늘 전하여지면 성인의 도를 이루는 것이고, 나쁜 말을 해서 나쁜 법이 늘 전하여지면 지옥에 떨어지게 되느니라.

선남자야, 사람의 몸과 마음이 불법을 담는 그릇이며 역시 십이부의 큰 경전이거늘, 아득한 옛적부터 현재까지 다 읽지 못하였으며 터럭만치도 건드리지 못하였으니, 이 여래장경은 마음을 알고 성품을 본 사람만이 아는 것이요, 성문이나 범부들은 알지 못하느니라."

사람의 몸과 마음이 불법을 담는 그릇이요, 경전이거늘 태어나기 전, 아득한 옛날부터 지금까지 다 읽지 못하고 있다는 말씀

을 잘 새겨들어야 하겠습니다. 우리는 얼마나 많은 윤회를 하였습니까? 얼마나 많은 몸을 받았습니까? 그 수많은 세월을 허무하게 보내고 오늘 이 몸을 받았으면서도 이 몸이 부처인 줄을 모르고 살고 있다는 말씀입니다.

우리의 이 몸이 바로 '묘색신여래'이고, '묘음성여래'이고, '향적여래'이고, '법희여래'이고, '지승여래'이며 '법명여래'인 줄을 모르고 나쁜 말을 하고 나쁜 법을 전해서 지옥에 떨어지고 있다는 말씀입니다. 내 몸의 부처를 드러내는 삶을 살아야 하겠습니다. 불자가 누구입니까? 부처님을 늘 가슴 속에 모시고 사는 사람 아닙니까?

국수경과
호박범벅경

덕숭총림의 초대방장이셨던 혜암 선사의 일화입니다.

어느 비구니스님이 하루는 암자에서 "관세암보오살, 관세암보오살" 하면서 관음기도를 열심히 하고 있는데, 한 비구니 객스님이 법당 안을 들여다보며 놀렸습니다.

"누군지 몰라도 '관세음보살, 관세음보살'이라 해야 맞지. 염불을 '관세암보살, 관세암보살'이라 하니 땡초가 분명해."

이 소리를 들은 법당의 비구니스님은 일생 동안 '관세암보살' 염불로 기도 정진력도 늘었고, 영험도 많이 얻었다고 생각하는데 킥킥거리며 자꾸 비웃자 화가 치밀었습니다.

"모르면 가만히 있어요. 관음기도는 '관세암보살'이라 올려야 해요. 알지도 못하면서 기도 방해되게 그러네."

그 말에 '관세음보살'이라 주장하던 객스님이 더욱 비웃으며 조롱했고, 마침내 두 스님은 심하게 다투었습니다. 결국 노선사께 찾아가서 자초지종을 말씀드리고, 다음날 재판을 받아 흑백을 가리기로 한 다음에야 두 스님은 분한 마음을 가라앉혔습니다.

그런데 기도하던 비구니스님은 다음 날에 있을 판정이 걱정되었습니다. 곰곰이 생각하던 끝에 노스님께서 좋아하시는 호박범벅죽을 쑤어다 드리며 노스님께 '관세암보살'이라 하는 것이 옳다고 판정해 달라고 부탁했습니다. 약속을 다짐하는 비구니스님에게서 맛있는 호박범벅죽을 받아 드신 노선사께서는 눈만 껌벅이시며 묵묵히 그러마고 약속하셨습니다.

그런데 저녁 무렵에 이번에는 비구니 객스님이 역시 아무도 모르게 국수를 맛있게 말아가지고 노선사를 뵙고 '관세음보살'이 옳다는 판정을 내려달라고 부탁했습니다. 즐기시는 국수를 다 드신 큰스님은 쾌히 '관세음보살'이라고 주장하는 비구니 객스님을 지원하기로 약속하셨습니다. 그리고 아무 일도 없다는 듯 편안하게 잠드셨습니다.

이 광경을 지켜보던 시자스님들은 어쩔 줄 몰라 했습니다. 큰스님의 심중을 헤아릴 길이 없었습니다.

"아니, 큰스님께서 거짓으로 약속하지는 않으실 텐데, 양쪽을 다 옳다고 하셨으니 어떻게 하시려고 그러시는지 몰라."

다음날, 호기심 많은 신도와 스님 등 사부대중이 모두 노스님의 판결을 앞두고 법당에 모였습니다. 두 비구니스님은 다 자신만만했습니다.

"노스님께서 나를 지지하기로 했으니 걱정 없다."

서로 기세등등하며 노선사께 판정을 서둘러 구했고, 노선사는 묵묵히 계시다가 시침 뚝 떼고 한 마디를 하셨습니다.

"에!『호박범벅경』에는 관세암보살이 맞고,『국수경』에는 관세음보살이 맞다. 에헴!"

노스님의 한 말씀에 두 비구니스님은 어안이 벙벙했습니다. 그리고 시시비비하는 것보다 지극하고 간절한 마음이 중요하다는 큰스님의 깊은 뜻을 새겼습니다.

세 명의
사자를
보지 못했는가?

석가모니 부처님께서 기원정사에 계실 때 수많은 대중들에게 다음과 같이 말씀하셨습니다.

"어떤 사람이 이 세상에서 악한 일을 하고 죽어서 지옥에 떨어지자 옥졸이 그 사람을 염라대왕 앞으로 끌고 갔다.

'염라대왕이시여, 이 자는 세상에 살아 있을 때 부모에게는 불효했고, 스님을 존경하지 않았으며, 스승과 어른을 공경하지 않은 죄로 여기 잡혀왔으니 적당한 벌을 내리십시오.'

염라대왕은 끌려온 사람에게 물었다.

'너는 인간 세상에 있을 때, 내가 보낸 첫 번째 사자(使者)를 보았는가?'

'대왕이시여, 본 일이 없습니다.'

'그러면 너는 늙고 허리가 구부러져서 지팡이에 의지하여 비

틀거리는 사람을 보지 못했단 말이냐?'

'대왕이시여, 그런 노인들은 수없이 보았습니다.'

'너는 그것을 보고도, 나도 저렇게 늙을 것이니 한시 바삐 몸과 말과 마음으로 착한 일을 해야겠다고 생각지 못했는가?'

'미처 그 생각은 하지 못했습니다.'

'그럼 내가 보낸 두 번째 사자는 보았느냐?'

'보지 못했습니다.'

'너는 병든 사람이 홀로 누워서 일어나지도 못하고 자기 대소변 속에서 뒹굴고 있는 가엾은 모습을 못 보았단 말인가?'

'대왕이시여, 그런 것은 수없이 보았습니다.'

'너는 그것을 보고도, 나도 병에 걸릴 수 있다는 생각을 하지 못했는가?'

'어리석은 탓에 그런 것은 미처 생각지 못했습니다.'

'그럼 너는 내가 보낸 세 번째 사자를 만나보았는가?'

'만나보지 못했습니다.'

'그럼 너는 사람이 죽은 뒤, 이틀 사흘이 지나면 시체가 부풀어 오르고 고름이 흘러나오는 것을 본 적이 없단 말이냐?'

'대왕이시여, 그런 시체는 수없이 보았습니다.'

'너는 그것을 보고도 어찌하여 깨닫지 못했느냐? 너는 이제 그 게으른 죄에 대한 업보로 벌을 받지 않으면 안 된다. 그것은 너의 부모나 형제, 자매 친구나 친척이 한 일이 아니고 네 스스로 지은 일이므로 벌도 네 스스로 받아야 한다.'

염라대왕이 이렇게 말을 마치자 옥졸이 그 사내를 끌어다가 활활 타는 불구덩이 속에 집어던져 버렸다."

이것이 바로 염라대왕이 이 세상에 보내는 세 명의 사자(使者) 이야기입니다. 우리는 오늘도 이웃에서, 거리에서, 염라대왕이 보낸 세 명의 사자를 만나고 있습니다. 그 세 명의 사자가 다행스 럽게 오늘 이 순간은 나에게 찾아오지 않았지만 언젠가는 어김없 이 나에게도 반드시 옵니다.

그 때 당당하게 "잘 왔습니다. 오시느라 수고 많았습니다." 하 고 편안하게 웃으며 가야지, 짐승처럼 질질 끌려가서 되겠습니 까? 우리 인생, 구름 한 번 이는 것이라 하지 않습니까? 그러니 부처님 말씀대로 인간 도리 하면서 그렇게 살다 보면 좋은 날이 반드시 오고, 또 마침내 극락에도 납니다.

극락세계에
가야 하는
이유

　　21세기를 한 마디로 정의한다면 어떤 시대라고 할 수 있겠습니까? 소납은 오늘날 세상을 '믿음이 상실된 시대'라고 말하고 싶습니다. 역으로 말하면 '불신의 시대' 아닙니까? 설령 성인이 말씀하신 진리라 하더라도 그 진리가 내 눈앞에서 나를 안락하게 하는 실체적 모습으로 나타나지 않으면 믿으려 하지 않습니다. 이런 불신풍조가 만연되어 있습니다. 부모 자식 간이나 스승과 제자, 사업주와 종사자 등 사회 각계각층이 불신과 증오로 가득 찼습니다. 서로 믿지 못한다는 이 사실이야말로 인간사에서 불행의 단초입니다.

　　여러분도 잘 아시겠지만 『화엄경』에서 부처님은 '믿음은 도를 이루는 근본 공덕의 어머니'라고 하셨습니다. 굳이 깨침이나 성불의 도가 아니라 하더라도 우리들 일상사의 어떤 일도 이 믿음이 없이는 하나도 이룰 수가 없습니다. 지식에 대한 믿음이 있었으니 교수도 되고 박사도 되고, 부모에 대한 믿음이 있으니 자식이 부모를 의지해 삽니다. 또 자식에 대한 믿음이 있으니 부모가 희망을 갖습니다. 그런데 오늘날은 이 믿음의 구조가 깨져 버렸습니다. 이것을 복구하는 일이야말로 우리 불자, 지식인들이 총력을 기울여야 하지 않을까 사료됩니다.

오늘날의 중생을 위해 부처님께서 하신 말씀이 있습니다. 석가모니 부처님께서 『아미타경』을 설하시고 난 후 이렇게 말씀하십니다.

"사리불이여, 반드시 알아야 할 것이니라.
사실 나는 수많은 부처님들의 찬탄과도 같이 이 오탁악세인 사바세계에서 온갖 고행과 난행을 다 마치고 난 뒤 여기서 드디어 부처가 되었느니라. 그리고 일체 중생들을 위해서 정말로 믿기 힘든 어려운 일을 하고 있느니라. 그것은 바로 박복한 중생들에게 극락세계의 장엄과 아미타불의 본원력을 설명하고 그것을 믿으라고 권유하는 것이니라."

이 말씀은 부처님께서 살이 뜯기고 뼈가 바스러지는 난행과 고행을 하신 다음에 아신 것이기에 박복한 중생의 안목으로 믿기 힘들겠지만, 그래도 인연이 닿는 중생은 믿어서 윤회의 사바세계를 벗어나지 않겠는가 하는 참으로 간절한 성인의 자비심이 엿보이는 말씀입니다.

세속에 인생의 목표가 있듯이 불교에도 삼생의 목표가 있습니다. 금생의 목표는 살아 있는 동안에 부처님의 가피를 잘 받아 복을 많이 지어서 안락한 삶을 사는 것이고, 내생의 목표는 극락왕생하는 것이고, 그 후생의 목표는 성불해서 무량중생을 제도하는 것입니다.

불자라면 반드시 기억하고 살아야 합니다. 그런데 이 삼생의 목표는 서로 연결되어 있어서 따로 떼어놓고 생각할 수 없습니다. 현생에 복을 많이 짓고 부처님의 가피를 받은 사람이라야 행복하게 살다가 극락에도 가고 성불해서 윤회를 벗어나 마음대로 자유자재하게 가고 날 수 있는 것이지, 지금 이 생에 부처님의 가피를 받지 못하고 복도 짓지 않은 사람은 안락할 수도 없고 극락에 날 수도 없으며 더욱이 그 후생에 대원경지를 이루어서 중생을 제도하는 최상승의 삶을 살 수는 더더욱 불가한 일입니다.

그래서 소납은 이 현생에 행복해야 한다고 늘 강조합니다. 지금 이 순간에 행복해야 극락에 갑니다. 그런데 여러분, 진정한 행복은 어디에서 옵니까? 물론 물질적 풍요도 행복에 필요하지만 영원하지 않지요? 꿈같고 물거품같이 금방 스러지는 환상입니다. 진정한 행복은 참회하고 계율을 지키고 선근을 닦는 공덕을 통해 부처님의 가피를 받아야 가능합니다. 불교는 이와 같이 꿈을 꾸면서 물거품같이 사는 우리들을 편안하게 극락세계로 인도하는 것입니다. 그럼 극락에 가면 무엇을 하는가? 사람들은 이것을 잘 모릅니다.

극락에 가면 성불합니다. 천당은 부처님의 공덕으로 만든 세계가 아니라 중생업(衆生業)으로 만들어진 세계이기 때문에 복진타락(福盡墮落), 이 세상에서 지은 복을 다 소비하고 나면 타락하게 되지만, 극락세계는 아미타 부처님께서 48원(願)을 세워서 진실한 과보와 진실한 보답으로 만든 실보장엄토(實報莊嚴土)요, 아미타 부처님께서 공덕을 지어서 만든 공덕장엄토(功德莊嚴土)이기 때문에 타락하는 법이 없습니다. 설법을 많이 듣고 무량한 공덕을 짓고 지혜를 더 많이 닦아서 금방 성불하는 곳이 극락입니다. 그래서 역대 고승, 선지식이나 문수보살, 보현보살 등 제불보살이 모두 극락세계의 아미타 부처님을 뵙고자 서원을 세웠던 것입니다.

어떤 분은 "스님, 스님은 극락세계에 가보셨습니까?" 하고 물어보는데 극락에 갔다 와서 극락이 있는 것을 알고 믿는 것이 아니라 부처님 말씀이니까 믿는 것입니다. 이것이 중요합니다. 부처님의 공덕으로 만들어진 세계가 극락세계이기 때문에 어느 곳이 극락세계라고 중생이 판단할 수 없습니다. 중생은 "여기다. 저기다."라고 말하지 말고 부처님의 말씀을 믿고 극락에 가고자 원을 세워서 간절하게 일심으로 염불을 하면 문득 부처님의 가피로 가는 것입니다. 극락에 가는 것도 내 힘으로 가는 것인 줄 착각하기 쉬운데 부처님의 가피로 가는 것입니다.

여러분이 자주 외우는 『천수경』에서도 '원아결정생안양 원아속견아미타(願我決定生安養 願我決定見阿彌陀)'라, 모든 제불보살들도 극락에 나서 아미타 부처님을 속히 친견하는 것을 커다란 서원으로 삼고 있습니다. 그런데 극락왕생을 돌아가신 분이나 내세를 위해서만 기원하는 것이라고 오해하는 사람들이 많습니다. 그것은 아주 큰 잘못입니다. 젊기 때문에 아미타 염불을 멀리 하고 참선이나 관세음보살만을 염한다는 것은 잘못된 견해입니다.

남녀노소 누가 염불을 해도 염불하는 사람은 누구나 지켜주시는 이것이 모든 부처님을 마음에 받드는 제불호념(諸佛護念)입니다. 염불하는 사람은 부처님이 모두 지켜주시기 때문에 장애도 없고 소원성취도 됩니다. 생전에는 편안하고 사후에는 극락왕생하고 또 극락왕생 후에는 성불해서 중생을 구제하는 보살행을 실천하게 됨이 모두 부처님의 가피요, 불자의 목표이기에 우리는 꼭 극락에 나야 합니다.

중생계는 고금을 막론하고 힘이 지배하는 사회입니다. 권력, 금력, 세력 등등 힘이 지배합니다. 우리 불자는 간절한 믿음의 대신력(大信力)과 굳센 대원력(大願力)과 변하지 않는 정진력(精進力)으로 오탁의 박복한 중생계에서 행복하게 사는 도리를 찾아야 합니다. 바쁜 일상을 탓하지만 말고 부디 무엇보다도 먼저 간절한 믿음으로써 종교생활의 초석을 세워야 합니다. 그리고 간곡한 발원을 세우고, 간절하게 부처님을 염하고 부처님의 행을 따라 행해서 받기 힘든 사람의 몸 받은 이생을 끝으로 다시는 윤회하지 말고 반드시 부처님을 뵙는 인연을 지으시기 바랍니다.

지금, 이곳이
중요하다

"때와 때가 옮기고 옮겨 빠르게 낮과 밤이 지나가고

날과 날이 옮기고 옮겨 빠르게 초하루 그믐이 지나가고,

달과 달이 옮기고 옮겨 문득 해^(年)에 이르고

연년이 옮기고 옮겨 잠깐 사이에 죽음의 문턱에 이른다.

부서진 수레는 가지 못하고 늙은 사람은 닦을 수 없다.

누우면 게으름만 생기고 앉으면 생각이 어지러워진다.

몇 생을 닦지 않고 헛세월만 보냈던가.

이 몸이 얼마나 살겠기에 일생을 닦지 않는가.

몸은 반드시 마치고 말 것인데 내생은 어이할까

생각하면 생각할수록 급하고도 급하도다.

— 『발심수행장』

우리 인생을 연극에 비유합니다. 그래서 스님들은 신도들을 만나면 "연극 한 번 잘 하고 가라."고 덕담을 해 주시곤 합니다. 그렇습니다. 가만히 보면 잘 사는 사람이나 못 사는 사람이나 한 편의 연극을 하고 있는 배우와 같습니다. 연극이나 영화가 한 편이 끝나면 허공에 사라지는 허망한 것처럼 우리 인생도 그렇기 때문에 연극이라 합니다.

인생이 한바탕 꿈이라는 말입니다. 꿈은 꾸기 전에는 꿈속의 세상을 알지 못합니다. 그런데 꿈을 깨는 순간 다시 그 꿈속의 세상을 볼 수 없습니다. 이것이 우리 인생의 실상입니다. 그런데도 이 꿈 같은 인생을 바로 보지 못하고 애착하고 욕심 부리면서 싸우고 이간질하고 화내며 삽니다. 거기다가 세월은 기다려 주지 않고 금방 흘러서 부서진 수레가 되고 맙니다. 얼마나 급합니까? 원효 스님이 오죽했으면 "내생은 어이할까? 생각하면 생각할수록 급하고도 급하도다." 하셨겠습니까?

부처님께서는 다음과 같은 말씀을 하셨습니다.

> "이곳이 바로 도량(道場)이니 모든 부처님이 이곳에서 정각(正覺)을 얻으시며, 모든 부처님이 이곳에서 법륜(法輪)을 전하시며, 모든 부처님이 이곳에서 열반(涅槃)에 드심이니라."
>
> — 『법화경』

지금 내가 있는 이곳, 이 순간이 중요하다는 말씀입니다. 지나간 과거에 집착하지도 말고, 오지 않은 미래를 걱정하지도 말고, 오직 지금 이곳에서 이루라는 말씀입니다. 걱정이나 근심이 생기더라도 망상인 줄 알고 거기에 집착해서 슬퍼하거나 위축될 필요가 없습니다. 그 순간 최선의 길을 찾아서 묵묵히 노력하면 되는 것입니다.

세상은 허망하고 세월은 나를 기다려주지 않지만, 그런 줄을 잘 알았으면 지혜롭게 대처해야 합니다. 그 길이 바로 이곳이고, 이 순간이라는 말씀입니다. 천지사방을 찾아 헤매지 말고, 온갖 망상 부리지 말고, 이 육신에 집착하지 말고, 오로지 정법(正法)을 따라서 하루하루를 보내다 보면 좋은 날이 오게 되어 있습니다.

마르지
않는 샘

우리 머릿속에 있는 뇌는 나이가 50이 넘으면 하루에 뇌세포가 30만 개씩 죽어나간다고 합니다. 이 뇌는 한번 죽으면 다시 재생이 안 된다고 합니다. 그러다 보니 뇌가 점점 쪼그라들게 됩니다. 나이가 들면 머리가 어질어질 흔들흔들 텅 빈 것 같다고 하소연하는 사람들이 있습니다. 심각하게 받아들여야 됩니다. 웃을 일이 아니에요.

자꾸 잊어버립니다. 하지 않은 일을 했다 하고, 또 해 놓고 안 했다 하고, 어디 물건을 뒀는지 몰라 온 집안을 돌아다니며 찾습니다. 그러다 자녀들에게 책망도 듣습니다. 건망증이 점점 늘어서 심각해지면 사람들이 뒤에서 망령이 들었다고 합니다. 더 심해지면 치매가 와서 누가 지키지 않으면 마음대로 집을 나가고, 집에 불도 내고 합니다.

우리의 마음도 신체와 꼭 같습니다.

우리를 병들게 하는 탐·진·치 세 가지 마음이 있습니다. 이 탐·진·치에 머물러서 자기 고집만 부리면 큰일 납니다. 좋은 마음을 자꾸 먹고, 열린 마음을 쓰지 않으면 마음도 늙습니다. 열린 마음, 좋은 마음이 뭡니까? 회향심입니다. 고향으로 돌아가는 마음입니다. 우리가 어머니 뱃속에서 처음 나왔을 때처럼 아무 때 묻지 않은 본심으로 돌아가는 마음이 회향심입니다.

본래 마음에 돌아가면 모두가 다 나 자신입니다. 너와 내가 따로 없습니다. 이웃은 물론 천지가 모두 내 몸이니 아끼고 사랑하고 베풀지 않고는 못 견딥니다. 그런 마음이 밖으로 표현되면 바로 사랑이고, 자비고, 보시고, 공양입니다. 이런 갓난아기 때의 본마음을 자꾸 써야 마음이 젊어지고, 마음이 젊어지면 자연히 몸도 건강해지는 법입니다.

몸이 아픈 사람은 마음을 먼저 바꾸고, 생활도 바꾸어야 합니다. 마치 마르지 않는 샘물과 같습니다. 깊은 산 속 옹달샘은 아무리 가물어도 졸졸졸 물이 샘솟습니다.

그런데 그 샘물도 멈추면 어떻게 됩니까? 썩게 마련입니다. 흐르면 썩지 않는데 흐르지 않으면 썩습니다. 썩는다는 것이 늙음이고 죽음 아닙니까?

우리의 몸과 마음, 육체와 정신은 사용하지 않고 그 자리에 정체하면 그 때부터 썩습니다. 죽음입니다. 이 원리를 반대로 생각하면 늙지 않고 죽지 않는 법을 알 수 있습니다. 우리 신체는 신기하게도 쓰면 쓸수록 더 싱싱해지고 덜 늙어서 죽음을 늦출 수 있습니다. 의학적으로 증명된 사실입니다.

누구나 사람은 생물학적으로 늙지 않을 수는 없습니다. 그렇지만 멈추지 않고 생각하고 뭔가 하려고 하는 사람은 병도 잘 안 걸리고 장수하다가 임종도 편하게 합니다. 선사스님들을 보세요. 임종하는 그날까지 아침에 도량을 쓸다가 가신 분도 계시고, 바둑 두다가 가신 분도 계시고, 포행하다가도 가시고 하지 않습니까? 얼마나 멋진 죽음입니까?

나이 들수록 책도 읽고, 절도 하고, 참선도 하고, 염불도 하고, 짧은 경구도 자꾸 외워보세요. 놀랍게 변합니다.

몸만 그런 게 아닙니다. 우리의 정신도 자꾸 사용해야 합니다. 지혜도, 자비도, 사랑도, 자꾸 샘에서 퍼내어서 써야 썩지 않고, 청정해집니다. 그렇게 물을 자꾸 퍼내 쓰다 보면 청정해져서 극락도 보이고 편안해집니다.

염라대왕의
재채기

옛날 이야기 한 자락입니다.

염라대왕 앞에는 세상 사람들의 수명(壽命)을 관장하는 촛불이 켜져 있다고 합니다. 그 곳에 있는 촛불이 꺼지는 날이 바로 내가 염라대왕 앞으로 불려나가 재판을 받는 날이라고 합니다. 어느 날 염라대왕이 촛불 앞에서 재채기를 하는 바람에 촛불이 꺼져 졸지에 영문도 모르고 사람들이 끌려왔습니다.

사람들이 끌려오자 염라대왕은 미안한 생각이 들었습니다. 차마 자신의 재채기 때문에 잘못 끌려왔다고 할 수는 없고 해서 시치미를 뚝 떼고 선심 쓰듯 말했습니다.

"내 특별히 그대들 세 사람을 다시 세상에 보내줄 테니 어떤 집안에 태어나고 싶으냐?"

세 사람 중 두 사람은 기다렸다는 듯, 한 사람은 부잣집 아들로, 또 한 사람은 권력가의 아들로 태어나고 싶다고 했습니다. 염라대왕은 그들의 소원대로 적당한 집을 찾아 이승으로 돌려보냈습니다. 그런데 나머지 한 사람에게 소원을 묻자, 그는 한참을 고민하더니 입을 열었습니다.

"대왕마마, 저는 부자도 필요 없고, 권력도 필요 없습니다. 오로지 근심 걱정 없이 살 수 있게만 해 주십시오."

이 말에 염라대왕은 크게 화를 내면서 말했습니다.

"야, 이놈아! 그런 곳이 있으면 내가 가지 너를 보내겠느냐?"

염라대왕이라고 근심 걱정이 없겠습니까?

지옥에 들어서는 죄인들마다 오만 상을 찌푸리고 살려달라고 하지, 그 중에는 업무처리가 잘못 돼 다시 돌려보내야 할 일도 생기고, 어떨 때는 지장보살님의 명을 받기도 해야 하는 등 업무가 많을 것입니다.

근심 걱정은 누구에게나 따라다닙니다. 재산이 많으면 많아서 걱정이고, 가난하면 가난해서 걱정입니다. 오래 살면 좋은 것 같지만 오래 사는 사람에게 물어보면 "왜 이렇게 날 데려가지 않느냐."고 합니다. 자식이 많은 사람은 많아서 근심이고, 자식이 없는 사람은 없어서 근심입니다. 그래서 죄업중생(罪業衆生)이라 합니다.

중생계는 업의 세계입니다. 업을 짓고 그 업의 인과가 또 다른 업을 지으며 나의 미래를 결정합니다. 그런 연고로 진정한 행복을 위해서는 업을 소멸하며 살아야 합니다. 근기에 따라 기도도 하고, 참선도 하고, 염불도 하면서 업장 소멸을 하는 생활을 해야 하겠습니다.

11월

운명을 바꾸는
기도

참선하는 스님은 물론 역대 수많은 선지식들께서도
수행 중에 혼자 힘으로 극복하기 어려울 때 용맹 정진하는
기도를 통해 정진력을 길러 왔습니다.
특히 업장이 두터운 사람들은 기도를 생활화해야 합니다.
기도만큼 업장 소멸에 좋은 수행이 없습니다.
기도는 죽을 운명도 바꿉니다.

자녀를
위한 기도

수학능력시험이 얼마 남지 않은 것을 알 수 있는 것은 법당의 기도 열기만 봐도 알 수 있습니다. 비단 대입 수험생 학부모뿐만 아니라 자녀를 가진 분들마다 자녀 교육에 대해 큰 짐을 짊어지고 있는 것 같습니다. 자녀 때문에 고민을 호소하는 분들이 많은데, 그분들 이야기를 들어보면 대부분 부모에게서 문제를 발견할 수 있습니다. 자녀가 힘들어하면 그냥 지켜보지 못합니다. 숙제를 하면서 끙끙거리면 참지 못해서 도와줍니다. 공부에 방해가 될까 심부름도 잘 시키지 않습니다. 시험기간이라고 제 방 청소도 시키지 않습니다.

그렇게 애지중지 키웠으면 어른이 돼서 부모 은혜를 알아야 하는데 도리어 원망하고 대들기 십상입니다. 개인주의, 자기중심적으로 키웠으니 그럴 수밖에 없습니다. 어떻게 키워야 하겠습니까?

알프레드 윌리스라는 영국의 과학자가 발견한 내용입니다. 그는 누에나방이 번데기에서 나방으로 변해 고치를 뚫고 나오는 과정을 연구하고 있었습니다. 나방은 안에서 꼭 바늘구멍만한 구멍을 뚫고는 그 틈으로 나오기 위해 꼬박 한나절을 애쓰고 있었습니다. 그렇게 힘들여서 나방은 드디어 고치 밖으로 나왔습니다. 그러더니 공중으로 훨훨 날갯짓을 하며 날아갔습니다.

그 학자는, 나방이 작은 구멍으로 힘들게 나오는 것이 보기 딱해서 어느 날 가위로 다른 고치의 구멍을 잘라서 넓혀주었습니다. 나방은 큰 구멍을 통해서 금방 나왔습니다. 그런데 쉽게 구멍에서 나온 나방은 제대로 날지도 못하고 그 무늬나 빛깔도 영 곱지 않았습니다. 간신히 몇 번 푸드덕거리다가 얼마 지나지 않아 그만 죽어버리고 말았습니다.

그는 큰 충격을 받았습니다. 자기는 나방을 위해서 선(善)을 베풀어 주었는데, 나방은 자기 때문에 죽어버린 것입니다. 그 후 그는 "나의 성급한 '자비'가 나방의 생명을 단축시켰다."고 후회했다고 합니다.

자식을 키울 때 어려운 일도 감당할 수 있도록 키우는 게 좋습니다. 요즘같이 풍족한 시절에 일부러 고생을 시킬 수는 없겠지만, 자신이 해야 할 일은 스스로 하게 하고, 어려운 이웃을 위해 봉사를 하거나 인욕을 하는 공부를 시켜야 합니다. 커서 시간이 나면 할 수 있을 것 같지만 그렇지 않습니다. 봉사나 인욕도 성장하면서 몸에 익어야 성인이 되어서도 할 수 있습니다. 떠받들며 키워서는 나중에 후회하게 됩니다. 많은 학생들이 학원에 다니고 과외를 받으면서, 봉사하고 남을 배려하고 인욕하는 사회생활과 자주적 자아실현의 기회를 갖지 못하고 있습니다. 자녀를 진심으로 아끼고 사랑한다면 부모가 자녀와 함께 한 달에 한 번이라도 절을 찾아 1,080배도 하고, 뭔가 어려운 일도 해 보고, 일요일이면 함께 빨래도 하고, 집안 대청소도 하고, 복지관을 찾아 어르신들 말벗도 해 드리는 게 좋습니다.

북해에서 잡은 청어를 산 채로 런던까지 수송하는 어부는 청어가 있는 물탱크에 숭어 몇 마리를 넣습니다. 숭어에게 잡아먹히지 않으려고 필사적으로 도망다니는 청어는 런던까지 싱싱하게 산 채로 도착한다는 것입니다. 가물치가 사는 논의 미꾸라지는 잡아먹히지 않으려고 도망다니느라 통통하게 살이 찌고 건강했지만, 가물치를 다 잡아내고 난 논에서 자란 미꾸라지는 싱싱하지 않더라는 이야기도 있습니다.

스님들이 도(道)를 닦는 일도 마찬가집니다. 참고 견디는 과정이 필요합니다. 매화가 겨울날 세찬 눈보라 속에 서서 지냈기에 이듬해 청초한 꽃을 피우고 그윽한 향기를 날리며 열매를 맺는 것입니다. 자녀를 위해 평소 기도를 열심히 해 주는 것도 중요하지만, 하루하루 바른 생활 습관과 좋은 마음가짐, 보살행을 연습할 수 있도록 뒤에서 묵묵히 지켜보고 격려해 주고 실천할 수 있도록 도와주는 것이라는 생각이 듭니다.

죽을 운명도
바꾸는 기도

우리 중생계는 원하는 일이 뜻대로 이루어지지 않는 세상입니다. 오래 살고 싶은데 일찍 가기도 하고, 아름다움을 유지하고 싶어도 늙어갑니다. 좋은 사람과 만나고 싶어도 싫은 사람을 마주하게 됩니다. 높은 자리로 승진하고 싶고, 훌륭한 대학, 좋은 직장에 들어가려고 해도 쉽지 않습니다. 무엇 하나 쉽게 이루어지지 않습니다. 이렇게 내 마음대로 되지 않으니 신을 찾고, 부처님과 보살님을 찾아 매달립니다.

기도는 이러한 소원성취를 구하는 인간의 원초적인 마음에서 비롯되었습니다. 그래서 기도는 일반적인 수행법과는 성격이 조금 다르다고 할 수 있습니다. 하지만 기도는 분명히 수행법 중의 하나입니다. 왜냐하면 기도를 통해 과거로부터 알게 모르게 쌓아온 업장들이 저절로 참회가 되고, 기도를 통해 삼매에 들 수 있기 때문입니다.

그러나 기도가 올바른 수행법이 되려면 바른 가르침이 있어야 합니다. 왜냐하면 단지 개인적인 소원 성취를 위해서만 기도를 한다면 욕망의 업장을 더욱 부채질하는 결과를 낳기 때문입니다. 그러므로 불자들의 기도는 일반적인 형태의 기도와 달라야 합니다.

기도하는 사람이 꼭 명심해야 할 것은 기도의 목적이 여러 수행법과 마찬가지로 무상보리를 얻기 위해서이고, 그 기도공덕은 일체 중생에게 회향되어야 한다는 점입니다. 비록 개인적인 소원을 기원하는 경우에도 그 목적은 여기에서 벗어나서는 안 됩니다. 예를 들어 학업성취를 위한 기도를 할 때도 학업을 성취하여 일체 중생에게 널리 이익을 주겠다는 서원을 담아야 합니다. 누구는 아픔을 겪든 말든 나 혼자만 잘 되면 된다, 나만 잘 먹고 잘 살면 된다는 식의 기도는 절대 안 됩니다.

그리고 기도하는 사람이 꼭 명심해야 할 또 한 가지는 아무리 간절한 세속적인 소원을 가슴에 품었다고 하더라도 일단 기도에 들어가서는 그것을 잊어버려야 합니다. 절을 하든 염불을 하든 주력을 외우든 오로지 일념으로 집중해야 합니다. 기도가 성취되려면 어떠한 잡념도 개입되어서는 안 됩니다. 그리고 기도를 한 후에도 그것을 잊어버려야 합니다. 기도가 이루어질까 말까 의심해서는 안 됩니다. 그리고 기도가 끝난 후 기도가 성취되었든 안 됐든 상관하지 말아야 합니다. 비록 이번에 기도가 이루어지지 않았다 하더라도 그 공덕은 남아 다음에는 반드시 이루어집니다.

이와 같이 올바른 방법으로 기도하면 기도도 또한 수행입니다. 참선하는 스님은 물론 역대 수많은 선지식들께서도 수행 중에 혼자 힘으로 극복하기 어려울 때 용맹 정진하는 기도를 통해 정진력을 길러 왔습니다. 특히 업장이 두터운 사람들은 기도를 생활화해야 합니다. 기도만큼 업장 소멸에 좋은 수행이 없습니다. 기도는 죽을 운명도 바꿉니다.

지장보살의
대원력을
닮아지이다

아주 오랜 옛날의 일입니다. 각화정자재왕 여래께서 이 세상에 계실 때, 한 바라문 집안에 18세의 꽃다운 처녀가 있었습니다. 그녀는 숙세에 깊고 두터운 복을 심어 많은 사람들로부터 공경과 사랑을 함께 받았습니다.

처녀의 아버지도 불교에 대한 믿음이 두터워, 삼보를 철저히 공경하고 계율과 선정과 지혜를 부지런히 닦다가, 수명이 다하여 천상에 태어난 지가 오래 되었습니다.

그러나 처녀의 어머니는 달랐습니다. 방탕한 생활에 빠져 인과를 믿지 않았고 불교에 대한 비방도 서슴지 않았습니다.

어느 날 부인은 술에 취해 잠이 들었다가, 혈관이 터지고 전신의 뼈마디가 꼬여드는 고통을 당하다가 갑자기 죽고 말았습니다. 처녀는 어머니를 잃은 슬픔에 흐느껴 울다가 문득 한 생각이 떠올랐습니다.

'어머니의 영혼은 어디에 태어났을까?'

바르게 살지 않은 분이었으니 결코 좋은 세상에는 태어나지 못하였을 것이라는 생각이 들자 처녀는 견딜 수가 없었습니다. 처녀는 유산을 모두 팔아 어머니를 위한 재(齋)를 올리려고 부처님이 계신 절을 찾아 길을 떠났습니다.

길거리에는 수많은 걸인들이 고통스럽게 추위와 굶주림에 떨고 있었습니다. 처녀는 '중생에게 공양함이 부처님께 공양 올리는 것'이라는 부처님의 말씀을 생각하며 배고픈 사람에게는 음식을 주고, 추위에 떠는 사람에게는 옷을, 병고에 시달리는 자에게는 약을 주며 위로하였습니다.

그러나 길은 멀고 구제할 사람은 많아 전 재산을 처분하여 마련한 음식과 옷과 약도 부족하였습니다. 처녀는 마침내 입고 있던 옷까지 모두 벗어주어 더 이상 나아갈 수가 없게 되었습니다. 처녀는 어느 흙구덩이 속에 들어가 벗은 몸을 가리고, 유일하게 남은 향을 사르고 꽃을 흩으며 기도하였습니다.

"각화정자재왕여래시여, 이제 소녀는 더 이상은 감히 부처님 앞으로 나아갈 수 없게 되었습니다. 중생을 어여삐 여기시고 구제할 자를 구제하여, 저의 이 조그마한 정업(淨業)을 헛되지 않게 하옵소서. 어머니의 혼령을 위해 자비를 베푸시고, 그 태어난 곳을 알게 하여 소녀의 괴로움을 그치게 하여 주옵소서."

"착하다, 성녀여. 18세 처녀의 몸으로 옷을 벗어 걸인에게 주고, 벗은 몸을 흙 속에 감추었으니 누가 너를 보살(菩薩)이라 하지 않겠느냐! 내 너의 공양을 달게 받고 너의 소망을 성취시켜 주리라.”

그래서 성녀는 지장보살(地藏菩薩:땅 속에 몸을 감춘 보살)이 되었습니다. 그 뒤 처녀는 지옥에 이르러 고통 받는 중생의 모습을 보게 되었는데, 어머니뿐만 아니라 함께 고통 받던 죄인들이 모두 천상에 오른 것을 알게 되었습니다. 지옥에서 나온 처녀는 다시 부처님께 원을 세웁니다.

“맹세하오니, 저는 미래의 시간이 다할 때까지 고통에 빠진 중생이 있으면 마땅히 널리 방편을 베풀어서 해탈케 하오리다. 맹세하오니, 고통 받는 육도의 중생들을 모두 해탈케 한 다음 성불하겠습니다.”

이 분이 대원(大願)의 본존(本尊)인 지장보살님이십니다. 우리는 이 지장보살님의 전생담에서 굳세게 나아가는 지장보살님의 대원과 거룩한 마음을 반드시 배워야 합니다. 지장보살님처럼 모든 중생에게 힘을 쏟지는 못할지라도, 가족과 가까운 사람들만이라도 살리는 원을 세우며 살아가야 합니다. 좋은 복은 가족과 주위 사람들에게 돌리고 고통은 내가 짊어지겠다는 원을 세우며 살아갈 수 있는 사람이 참된 불자입니다.

그런데 이렇게 큰 원을 세우면 삶이 힘들 것 같지만 오히려 그 반대입니다. 지장보살님처럼 나를 잊고 남을 위하는 마음이

꽉 차면 아무리 써도 써도 다함이 없는 복이 찾아들게 됩니다. 왜
냐하면 원이 크고 강하기에 불행의 원인인 이기심도 빨리 무너져
내리기 때문입니다. 지장기도를 하는 분들은 지장보살님처럼 대
원력보살이 되어야 합니다.

일념 되어
외우고
또 외우라

  신도님들 중에는 안타깝게도 "스님 저는 아
무리 기도해도 성취가 안 됩니다."라고 하는 사람이 있습니다. 그
런 분들에게 들려주고 싶은 말씀이 있습니다. 『천수경』에 보면
이런 구절이 있습니다.

  "준제공덕취(准提功德聚), 적정심상송(寂靜心常誦), 일체제대난(一切諸大難),
  무능침시인(無能侵是人) ― 준제주의 크신 공덕, 일념으로 늘 외우면
  어떠한 어려움도 그를 침노하지 못하리니."

  위에서 준제는 관세음보살님을 뜻합니다. 부처님께서는 여러
경전에서 어떤 사람이라도 관세음보살님에게 간절한 신심으로
지극하게 의지하면 소원을 이룰 수 있다고 말씀하셨습니다. 부처

님께서 빈말 하실 턱은 없고, 관세음보살님의 위신력은 가히 가늠하기 어려울 정도이기 때문에 누구든 일단 믿고 일심으로 외우기만 하면 된다는 말씀입니다. 그런데 관세음보살님뿐만 아니라 모든 불보살님께서 무한한 능력을 갖추시고 소원만 말하면 다 들어주겠다고 만반의 준비를 하고 계시는데 소원성취를 발원하는 사람이 준비가 되어 있지 않아서 성취가 안 되는 것입니다.

무슨 준비가 되어 있지 않은가 하면, 일념이 되지 못하였다는 데 문제가 있습니다. 일념으로 염불하는 사람은 그 어떤 고난도 침노하지 못하는데 이 일념이 안 되니 아무 것도 이룰 수 없는 것입니다. 염불이든 참선이든 모든 수행과 기도는 일념이 되어야 합니다.

특히 기도하는 사람은 불보살님께 목숨을 던진다는 마음으로 해야 합니다. 며칠 굶은 아기가 엄마의 젖을 먹듯이, 피눈물이 흐르도록 혼신의 힘을 다해야 합니다. 그래야 일념이 됩니다. 그렇게 나아가다 보면 일체 번뇌 망상이 끊어진 고요가 찾아옵니다.

'이 정도 절했으니 되겠지. 아직도 기별이 없나? 얼마나 더 해야 되지?' 하는 생각으로 엎드렸다 일어섰다 하며 절하는 것은 건강에는 좋을지 모르나 시간낭비입니다. 제대로 된 공부나 기도가 될 수 없습니다. 끊임없이 물러서지 말고 간절하게 해야 합니다. 하다가 말다가 하면 그 염불의 공덕이 얼마나 되겠습니까?

『벽암록』에 줄탁동시(啐啄同時)라는 말이 있습니다. 병아리가 안에서 껍질을 쪼는 것을 줄이라 하고 어미닭이 밖에서 쪼는 것을 탁이라 하는데, 이것이 함께 이루어져야 부화가 가능하다는 비유에서 나온 고사 성어입니다. 안팎이 함께 해야 일이 이루어진다는 말입니다. 달걀을 품을 때 어미닭은 둥지를 떠나질 않습니다. 달걀이 어미닭의 체온으로 인해 일정한 온도를 유지해야 병아리가 깨고 나오는데 어미닭이 들락거리면 일이 되겠습니까? 양계장에서 어미닭을 보면 그 더운 염천에 헐떡거리면서도 알을 떠나지 않습니다. 그렇게 스무하루가 지나고 나야 한 생명이 광명을 맞이하게 되는 것입니다.

우리가 염불이나 기도, 참선하는 것도 이와 같은 이치입니다. 불보살님은 염불자, 기도자, 참선자를 가리지 않고 구하는 사람에게는 늘 무량한 자비를 베푸시고자 만반의 준비를 하고 계시는데, 우리들 자신이 하다가 말다가 게으름을 피우니까 이루어지지 않는 것입니다.

'닭이 알을 품듯이' 진득하게 해야 합니다. 거기에 묘한 이치가 있습니다. 한계상황을 깨고 넘어서야 합니다. '나의 한계상황은 어디까지인가' 한번 달려들어 보세요. 반드시 이루어집니다. 중간에 좌절하지 말고 폭포를 차고 올라가는 물고기가 수없이 뛰어올라 폭포를 넘어가듯이 애를 쓰다보면 되는 날이 있습니다.

성취한다는 것은 대단한 일입니다. 부처님과 뜻이 통하는 일입니다. 중생이 부처님과 통할 수 있다는 사실이 얼마나 기쁜 일입니까? 하면 한 만큼 공덕이 있습니다. 단 한 가지도 헛된 일은 없습니다.

관음
기도

백의관음무설설(白衣觀音無說說)
남순동자불문문(南巡童子不聞聞)
병상녹양삼제하(甁上綠楊三際夏)
암전취죽시방춘(巖前翠竹十方春)

백의관음 말없이 말씀하시고
남순동자 들음 없이 들으시네.
화병 위 푸른 버들 늘 여름이요
바위 앞 남색 대나무는 봄을 알리네.

관세음보살을 찬탄하는 게송입니다. 관음불공을 올릴 때 읽거나 관음전 법당의 주련으로 걸려 있는 게송입니다. 이 게송과 어울리는 그림이 백의관음보살도입니다. 자비와 지혜가 조화의 극치를 이룬 한 폭의 그림이며 찬탄송입니다.

하얀 옷을 입은 관세음보살님은 거룩한 모습으로 외딴 섬 바닷가에 계시면서 말씀 없이 설법하고 계시는데, 오른손에 꽃병을 들고 계시고 그 꽃병에는 항상 푸른 버들가지가 꽂혀 있습니다. 왼쪽에는 기암괴석이 있고 그 앞의 대나무 역시 늘 푸른 모습입니다.

관세음보살님의 벽화나 탱화를 보면 병을 하나 들고 있는데, 그 병에는 언제나 푸른 버드나무가지가 꽂혀 있고, 중생들의 병고를 치료하는 감로수가 들어 있습니다. 푸른 버드나무는 중생들의 탐욕과 분노의 열기를 식히기 위하여 그늘을 드리워주는 의미입니다. 그래서 과거·현재·미래, 언제나 여름입니다.

그리고 관세음보살님은 주로 아름다운 바위가 있는 푸른 대나무 숲에 계심을 알 수 있습니다. 그것은 관세음보살님이 계시는 곳은 어디를 가도 늘 봄이라는 뜻입니다. 언제 어디서나 항상 따뜻한 봄날처럼 만 중생들을 다 감싸주시기에 대자대비의 따스한 마음을 표현한 것입니다.

그리고 좌보처 남순동자, 우보처 해상용왕이 항상 좌우에서 관세음보살님을 모시고 있습니다. 『화엄경』에서 선재동자가 53선지식을 차례대로 친견하려고 남쪽으로 가다가 28번째 선지식인 관세음보살님을 만나는 것을 뜻해서 선재동자를 남순(南巡)동자라고 합니다. 관세음보살님과 남순동자, 두 사람은 항상 같이 있지만 말이 없습니다. 말이 없으면서도 다 설법을 하고 모두 알아듣습니다.

오랜 친구는 서로 눈빛만 봐도 뜻이 통합니다. 늘 같이 있으면서도 말이 없고, 말이 없으면서도 마음이 원활하게 통합니다. 서로 말이 없어도 즐겁고 편안합니다. 원망도, 질투도, 불만도 없는 현명하고 지혜로운 사이입니다. 말없는 설법과 들음이 없는 들음은 지혜를 뜻합니다. 관세음보살님이 중생들을 제도하는 일도 반드시 말씀으로써 하는 것이 아닙니다. 말없이 자비스런 모습을 보여주는 것만으로도 설법을 하십니다. 무언의 설법입니다.

관세음보살님께서는 바닷가의 외로운 섬에 계시면서 항상 말씀 없이 온화한 미소를 띠고 계시지만, 말씀 없는 가운데 항상 푸른 버들잎과 대나무를 통하여 법문하고 계십니다. 남순동자는 그 법문을 들음 없는 가운데서도 잘 듣고 관세음보살님의 뜻을 잘 받들고 있습니다. 우리들이 관음기도를 할 때나 염불을 할 때도 이와 같은 관세음보살님의 깊은 법문이 가슴 속에 사무쳐 한 마음이 되어야 합니다.

우리가 참으로 관세음보살님의 가피를 입기 위해서는 남순동자처럼 티 없이 맑고 깨끗한 마음으로 돌아가야 합니다. 그래야 관세음보살님과 한 마음이 되어 말을 하지 않아도 우리의 뜻을 관세음보살님이 알게 되는 것입니다. 그런 연후에 바다의 파도가 쉼 없이 출렁이듯이 관세음보살께서 중생을 제도하는 일도 역시 쉼이 없이 나타나게 됩니다. 이 도리를 잘 알아 진실로 관세음보살님께 참다운 기도를 올려야 하겠습니다.

염불의
업

　　그리스의 밀린다 왕이 나가세나 존자에게
물었습니다.

　　"나가세나 존자여, 그대들 수행자들은 '백 년 동안 악행을 저
질렀을지라도 죽는 순간에 염불을 하면 극락에 태어날 수 있다'
고 합니다. 그러나 나는 그 말을 믿을 수 없습니다. 또 그대들은
단 한 번 살생한 과보로 지옥에 태어난다고 말합니다. 나는 그 말
도 믿을 수 없습니다."

　　"대왕이여, 그대는 어떻게 생각합니까? 조그마한 돌이 물에
뜰 수 있습니까?"

　　"존자여, 그럴 수는 없습니다."

　　"대왕이여, 백 개의 수레에 실을 만한 큰 바위라도 거대한 배
에 싣는다면 물 위에 뜰 수 있습니까?"

　　"그렇습니다. 능히 물 위에 뜰 수 있습니다."

"대왕이여, 그와 마찬가지입니다. 염불의 업은 거대한 배와 같습니다."

"잘 알았습니다, 나가세나 존자여."

업 중에서도 제일 좋은 업은 염불하는 업입니다. 왜 염불이 제일 좋은 업이냐 하면 염불은 부처님을 가슴에 모시는 것이기 때문입니다. 순간순간, 한 순간도 부처님을 잊지 않으면 그 사람은 가슴에 부처님을 모시고 사는 업이 되니 만사형통이 아니 될 수 없습니다.

염불을 자꾸 하면 부처님과 한 마음이 되니 남에게 베풀 마음이 나고, 자꾸자꾸 염불을 하면 태어나고 죽는 문제도 햇살에 눈이 녹듯이 저절로 해결됩니다. 거듭 말씀드리지만 염불하는 것은 좋은 업이 됩니다. 좋은 업과 나쁜 업을 말할 때 제일가는 좋은업이 염불입니다.

삼계 대도사이고, 사생의 자부이신 부처님께도 세 가지 불가능한 것이 있다고 하셨습니다.

첫째, 우리들의 업을 부처님이 대신 소멸시킬 수 없다고 하셨습니다.

둘째, 인연이 없는 고집이 센 중생을 제도시킬 수 없다고 하셨습니다.

셋째, 그렇기 때문에 미래의 세계가 끝날 날이 없다고 하셨습니다.

부처님께서는 이미 우리들이 업장을 소멸하고 윤회의 사슬을 끊는 방법을 펼쳐 놓으셨는데도 우리는 그 길을 알면서도 가지 않는 사람이 있는가 하면, 인연이 닿지 않아 태어나기 힘든 사람의 몸을 받고도 다시 윤회의 불길 속으로 뛰어드는 사람이 있습니다.

염불의 업은 거대한 배와 같아서 중생계의 모든 중생을 다 태우고도 남습니다. 누구든지 염불만 하면 불보살의 광명 속에 행복하게 살 수 있는 것입니다. 염불을 많이 하면 나쁜 인연은 점점 멀어지고 좋은 인연은 각처에서 무시로 만납니다. 어려움이 닥친 연후에 부처님을 찾지 말고 평소에 꾸준히 염불을 하면서 오는 인연, 가는 인연 가리지 말고 세월을 보내다 보면 반드시 좋은 날이 옵니다.

호수같이
넓은 마음

　　　　　매사에 불만이 많아 늘 투덜거리는 스님이 있었습니다.

　어느 날 큰스님이 그를 불러서 소금을 한 줌 가져오라고 일렀습니다. 그리고는 소금을 물 잔에 넣게 하더니 그 소금물을 마시게 했습니다. 그리고는 큰스님이 물었습니다. "맛이 어떠냐?" 그러자 곧바로 인상을 찡그리며 "짭니다."라고 대답하였습니다.

　큰스님은 다시 한 줌의 소금을 가져오라고 하시더니 근처 호숫가로 제자스님을 데리고 갔습니다. 큰스님은 소금을 호수에 넣고 휘휘 저은 뒤 호수의 물을 한 사발 퍼서 제자스님에게 마시게 했습니다. 그리고 "맛이 어떠냐?"라고 물었습니다. 그러자 제자스님은 "짜지 않고 시원합니다."라고 말했습니다. 큰스님은 다시 "소금 맛이 느껴지더냐?" 하고 물었습니다. 제자스님은 "아닙니다. 소금 맛을 느낄 수 없었습니다."라고 답하였습니다.

그 말을 듣던 큰스님이 말씀하셨습니다.

"인생의 고통은 소금과 같다네. 하지만 소금의 짠맛이 담는 그릇에 따라 달라지는 것처럼 고통의 정도도 고통을 담는 그릇에 따라 달라지는 거라네. 이제 작은 잔이 되는 걸 멈추고 스스로 넓은 호수가 되게나."

내 마음이 물 잔처럼 작으면 늘 얼굴을 찡그리고 살게 됩니다. 그러나 그 고통을 녹일 수 있는 크고 넓은 호수와 같다면 고통은 서서히 녹아 흔적도 없이 사라질 것입니다. 마음의 크기는 내가 마음을 어떻게 쓰느냐에 따라 커지기도 하고 작아지기도 합니다. 마음을 다스리는 일은 결코 쉬운 일이 아닙니다. 처음부터 마음이 큰 사람은 없습니다. 조금씩 마음을 비워가는 연습을 반복하며 사는 것이 중요합니다. 언젠가 비워질 그 마음 안에 좀 더 따뜻하고 의미 있는 것들을 채워 가야 하겠습니다.

마음의 크기를 넓혀가는 것이 삶에서 큰 몫을 차지하는 것이라면 한번 용기를 가지고 실천해 봅시다. 그것이 마음공부입니다. 살다 보면 작은 일에 화를 내는 때도 있고 큰일에도 덤덤히 웃으며 지나칠 때가 있습니다. 그것은 마음의 자세에 따라 달라지는 것입니다. 무슨 일에서든지 어떤 마음으로 받아들이느냐가 정말 중요합니다. 넉넉한 마음과 상대를 배려하는 마음, 겸허한 마음을 지니고 언제나 밝은 미소를 잃지 않고 사는 것입니다. 호수와 같은 넓은 마음으로 모든 걸 겸허히 받아들이고 사랑하며 베풀 줄 아는 하루하루를 만들어갑시다.

마중 나오신
관세음보살님

　　중국에 돼지를 잡는 한 백정이 있었는데 그 백정은 술에 취해 늘 싸움질이나 하는 불효막심한 사람이었습니다. 거기다 술을 먹고 집에 들어오면 늙은 어머니에게 심한 욕설을 함부로 할 뿐만 아니라 손찌검도 서슴지 않았습니다.

　　혼자 사는 늙은 어머니는 불효한 자식을 낳은 것은 전생에 업장이 무거운 때문이라고 한탄하며 괴로운 나날을 보내고 있었습니다.

　　마침 그 이웃에 관음상을 모시고 공양 예배하는 착실한 신도의 인도로 어머니는 아들이 돼지를 잡으러 간 틈을 타서 보타산 절에 가서 전생에 지은 숙업을 참회하고 불효자식을 감화시켜서 착한 사람이 되게 해 달라고 지성껏 기도하였습니다.

　　그러자 하루는 문득 무슨 연유인지 그 아들이 보타산에 관세음보살이 계시다는 말을 듣고 보타산에 가게 되었는데, 각 절과 유명한 바위와 동굴을 모두 찾아보았으나 끝내 관세음보살을 친견하지 못해서 크게 실망하고 있었습니다. 그 때 관세음보살이 한 늙은 스님의 몸으로 현신해 동굴 앞에 앉아서 사람들을 인도하고 계셨습니다.

백정은 그 스님의 점잖은 얼굴에 감복해 스님 앞에 가서 절하고 "노스님! 이 산에 관세음보살이 계신다는데 어디에 계십니까? 제가 며칠을 찾아보아도 만날 수 없으니 노스님께서 아시면 가르쳐 주십시오." 하였습니다.

그러자 노스님이 말씀하시기를 "관세음보살을 친견하려거든 빨리 너희 집으로 돌아가거라. 관세음보살이 너희 집에 계신다. 그리고 관세음보살은 항상 너희 집에 계시지만 네가 눈이 어두워 보지를 못했으니 기회를 놓치지 말고 어서 빨리 가서 친견하고 잘 모셔라. 네가 만약 공경히 모시지 않고 불경하면 그 죄로 인해 지옥에 가서 한량없는 고초를 받을 것이니라."

이 말을 들은 백정은 환희심에 가득 차 "제가 저희 집에 돌아가서 친견하려 하는데 관세음보살님이 어떠한 모습을 하고 계십니까? 설사 제가 가서 보더라도 잘 알지 못하면 헛일이 아니겠습니까?"라고 하자, "관세음보살의 모습과 행동이라, 네가 집에 돌아가면 한 노인이 옷을 뒤집어 입고 신을 거꾸로 신고 너를 마중 나올 것이니 그분을 성심성의껏 잘 봉양하면 되느니라."

백정 아들은 이 말을 듣고 관세음보살을 친견하려고 급히 집으로 달려가니 이미 한밤중이 되어 대문이 굳게 닫혀 있었습니다. 아들은 관세음보살을 보게 된다는 기쁜 마음으로 문을 열어 달라고 두드렸습니다. 그 어머니는 아들이 보타산에 갔다는 이웃의 말을 듣고 흐뭇해 그날 밤에는 오래도록 관음정근을 해 매우 피곤하여 잠이 깊이 들어 있었습니다.

어머니는 잠결에 아들이 문을 두드리는 소리를 듣고 불현듯 일어났으나 문을 늦게 열었다고 또 주먹을 휘두르지나 않을까 겁이 나서 엉겁결에 옷을 뒤집어 입고 신을 거꾸로 신고 벌벌 떨며 황급히 나가서 대문을 열어 주었습니다.

그러자 뜻밖에도 아들은 어머니 앞에 머리를 조아리고 여러 번 절을 한 후 "제가 관세음보살을 뵈옵고 절하오니 자비로 받아 주옵소서." 하였습니다.

어머니가 깜짝 놀라며 "네가 잘못 알았다. 나는 네 엄마다. 관세음보살이 아니다."라고 하자, 아들은 보타산에서 만난 노스님의 이야기를 하였습니다. 어머니는 너무나 신기하여 '이것은 반드시 관세음보살님께서 늙은 스님의 몸으로 화현하시어 감화시킨 모양이다.' 하고 생각하고 회심의 미소를 지었습니다. 비로소 어머니는 아들을 훈계하였습니다.

"옛날에 이런 말이 있다. '만 가지 악 가운데 음행이 첫째가 되고, 백 가지 선 가운데 효행이 제일 으뜸이 된다.'고 하였다. 네가 집에 있으면서 나에게 불효막심한 행동을 하더니 보타산 성지에 가서 관세음보살을 친견하고 지도를 받아 이제는 이와 같이 개과천선하였구나! 네가 행한 악보로 죽으면 무간지옥에 들어가

고초를 받을 것인데, 관세음보살을 친견하고 가르침을 받았으니 부처님께 참회하고 다시는 백정 노릇을 하지 말고 직업을 새로 가지고 살생하지 말거라."

세상 사람들이 부처님께 불공하고 기도하여 공덕을 짓는 것만큼이나 부모님 봉양 잘하고, 가족들과 화합하며 행복한 삶을 누리는 것도 중요합니다. 또한 우리는 상상할 수 없는 억겁의 세월 동안 윤회를 거듭해 왔기 때문에 우리가 매일 만나는 일상의 모든 사람들이 전생의 부모라 해도 과언이 아닙니다. 그러니 대중과 모든 이웃과도 서로 마음 상하지 않게 사는 것 또한 바람직한 불자의 삶의 자세라 할 것입니다.

12 월

참회는
성불의 첫 걸음

참회하면 상대방이 닫았던 마음의 문을 엽니다.
그 열린 마음이 나를 즐겁게 하고 행복하게 만드는 것입니다.
가정에서 직장에서 나와 더불어 사는 사람들이 나에게 마음의 문을
열면 열수록 나의 행복이나 삶의 보람도 높아지게 마련입니다.

작은 허물도
참회하라

　　　　　참회는 생활 속에서 쓰는 작은 마음씀씀이를 돌리는 데에서부터 시작됩니다. 집에서나 절에서나 평소에 이기적인 마음을 남에게 회향하는 마음으로 돌리는 그 마음가짐이 쌓아온 업장을 녹이고 허물을 사라지게 합니다.

　　어느 절에 함께 다니는 두 여인이 있었습니다. 두 사람은 친한 친구 사이였는데 그 중 한 사람은 일찍 재혼을 한 죄책감 때문에 늘 죄지은 사람처럼 얼굴에 그림자가 져 있었고, 다른 한 사람은 별 죄를 지은 것이 없다는 생각에 항상 웃고 당당했습니다. 어느 날 그 절의 큰스님이 두 여인을 불러 말했습니다.

　　"지금 마당에 나가서서 이쪽 보살님은 큰 돌 하나를, 저쪽 보살님은 작은 돌 여러 개를 주워 오십시오."

　　그녀들이 돌을 주워오자 큰스님은 두 여인에게 번거롭겠지만 돌들을 원래 자리에 갖다놓으라고 일렀습니다. 이상했지만 무슨 곡절이 있나 해서 스님이 시키는 대로 두 여인은 마당으로 나갔습니다. 그런데 큰 돌을 들고 왔던 여인은 쉽게 제자리에 갖다 놓았지만 여러 개의 작은 돌을 주워 왔던 여인은 원래 자리를 다 기억할 수가 없었습니다. 두 여인을 물끄러미 보던 큰스님이 말씀하셨습니다.

"죄도 이와 마찬가지입니다. 큰 돌은 어디에서 가져왔는지를 분명히 기억할 수 있어 제자리로 갖다 놓기가 쉽지만, 작은 돌들은 제자리를 알기 어려워 도로 갖다 놓기가 어렵습니다.

큰 돌을 들고 오신 보살님은 한때 저지른 큰 잘못을 마음에 새겨 늘 참회하며 살아왔습니다. 그만하면 되었으니 이제 지난 잘못에 대한 짐을 내려 놓으십시오. 하지만 작은 돌을 주워 오신 보살님은 살아오면서 지은 작고 가벼운 죄들을 모두 잊은 채 뉘우침 없는 나날을 보내고 있습니다. 지금부터라도 작은 허물에 대해 참회하셔야 합니다."

우리들은 평소 작은 허물은 잘 기억하지 못해 참회할 생각을 하지 않습니다. 그러나 작은 허물이 많이 쌓이면 큰 과보를 부르게 됩니다. 스스로 괜찮다고 생각하는 작은 업들이 큰 업을 만드는 씨앗입니다. 참회를 통한 업장 소멸은 매일, 시시각각으로 해야 합니다.

'참(懺)'이 자기 행위를 반성하는 것이라면, '회(悔)'는 그와 같은 잘못을 다시는 범하지 않고 더 나은 삶을 살겠다는 다짐입니다.

불교에서 참회 없는 수행은 있을 수 없습니다. 참회가 근본 무명인 업식(業識)을 녹이는 마음공부의 바탕이 되기 때문에 업장소멸 없는 깨달음의 추구는 모래밭에 집을 짓는 꼴입니다. 그래서 역대 조사 선지식께서 참회를 거듭 강조하신 것입니다.

평소에 작은 허물들을 소멸하는 참회를 거듭해 가면서 자신의 마음을 다스려 나가다 보면 좋은 일도 샘물처럼 솟고, 가피도 입고, 구경에는 죄도, 참회도, 참회할 것도 없는 환한 세상을 만나게 됩니다.

참회는
수행의 근본

　　　　　　소납이 열한 살 어린 나이로 통도사에서 출
가했을 때 노스님^(자운 큰스님)께서 삼천배 참회를 시키셨습니다.

　　저는 어린 생각에 죄를 짓지도 않았는데 왜 노스님께서 참회
를 하라고 하는지 알 수가 없었습니다. 제가 눈을 동그랗게 뜨고
쳐다보니, 궁금증을 다 아신다는 듯 노스님께서는 커 보면 알게
될 것이라도 말씀하셨습니다.

　　그 뒤로 '크면 다 알 것'이라는 스님의 말씀, 왜 참회를 해야
하는가 하는 것이 늘 의문으로 남았습니다. 세월이 흐르고, 지금
까지 살아오면서 저는 참회의 엄청나게 큰 의미를 깨닫게 되었습
니다.

　　우리는 자의든 타의든 간에, 무시이래로 수많은 업장을 쌓아
왔습니다. 금생에 나는 아무런 죄도 짓지 않았다고 생각하는 사
람이 있다면 "나는 어리석은 사람이요!" 하고 외치는 것과 같다고

생각합니다.

태어나면서부터 우리는 어머니에게 아픔을 드리고 이 세상에 나오게 됩니다. 길거리를 걷다가 본의 아니게 지렁이나 개미를 밟아 죽인 적도 있을 것이고, 작은 거짓말로 사람의 마음을 아프게 한 적도 있을 겁니다.

소납도 그런 기억이 많습니다.

어릴 때 이야기입니다만, 잠자리 꼬리를 자르고 풀대를 그 꼬리 부분에 끼워 날려 보면서 동네 아이들과 좋다고 손뼉을 치면서 웃었던 기억이 있습니다.

철모르고 한 일이지만 몸이 잘려나간 그 잠자리는 얼마나 아팠을지, 그리고 풀대를 몸에 끼운 채 필사적으로 도망가기 위해 하늘로 날아갔을 잠자리의 마음은 또 어떠했을지 지금 생각하면 아찔할 뿐입니다. 또 몸이 약했던지라 자식 보신시킨다고 어머니께서는 자주 닭을 잡아 먹이셨으니 그 또한 나의 업이 되었다는 생각이 듭니다.

재미삼아 물고기를 잡고, 입질하는 재미에 낚시하러 간다는 사람들이 많습니다. 과연 재미를 위해 고통당하며 고통을 호소하는 물고기를 우리는 조금이라도 생각하며 살아가고 있는지 되묻고 싶습니다.

우리가 하는 참회는 수행의 근본입니다.

참회는 미혹한 나를 깨달은 나로 나아가게 하기 위해 목욕하는 것과 같은 것입니다. 더럽혀진 몸을 깨끗이 해서 다시는 몸을 더럽히지 않고 바른 자리로 나아가려는 수행이 바로 참회입니다. 그러므로 참회는 한번 하고 그만둘 일이 아닙니다.

세세생생 사바세계를 벗어날 그날까지 계속해야 하는 것입니다. 업장 녹이기가 참회요, 성불의 첫걸음입니다.

제가
잘못했습니다

　　　　　　말 중에도 대중을 화합하게 하는 말이 있는
가 하면 마음을 상하게 하거나 이간질하는 말이 있습니다.

"제 탓입니다. 제 잘못입니다. 죄송합니다."

"미안합니다. 실례했습니다."

이런 말은 모든 허물을 자기에게로 돌리는 말입니다.

자기의 마음을 시시비비가 끊긴 본래 자리로 회향하는 말입
니다. 무슨 문제가 생겨도 이 한 마디에 화평해지고 금방 분위기
가 달라집니다. 그런데 악담으로 남을 업신여기는 말은 상대방의
가슴에 상처를 주고 원한을 맺게 합니다. 사람들은 자기 허물을
알고 참회를 잘 하지 않기 때문에 온갖 업들이 끊임없이 이어지
는 것입니다. "잘못했습니다." 하고 한 마디만 하면 되는데 그 말
한 마디를 하지 못해 일을 더 크게 만듭니다.

집에서 부모라고 다 옳은 일만 할 수는 없습니다. 살아가다

보면 어떨 때는 아내나 남편, 자식에게도 사과할 일이 생깁니다. 작은 일이라도 아버지가 먼저 "미안하구나." 하고 한 마디 하면 망가졌던 집안 분위기도 다시 살아나고 자식들도 그렇게 허물을 반성하는 아버지를 닮을 건데, 그 말을 그렇게 힘들어 합니다.

누구에게라도 잘못했으면 바로 "제 잘못입니다. 미안합니다. 실례했습니다."라고 하십시오. 이 한 마디만 하면 오히려 더 친해질 것입니다. 이것이 살아 있는 참회입니다. 실생활에서 참회할 줄 모르는 사람이 부처님 전에서 참회가 될 리 만무합니다. 참회는 절에서만 하는 게 아닙니다. 평소 가정이나 직장에서 사람들 속에서 이루어져야 합니다.

왜 그런가 하면 우리가 만나는 사람들이 바로 부처님이니 더욱 그렇게 참회할 줄 알아야 하는 것입니다. 제 잘못이라고 참회하면 상대방이 닫았던 마음의 문을 엽니다. 그 열린 마음이 나를 즐겁게 하고 행복하게 만드는 것입니다. 가정에서 직장에서 나와 더불어 사는 사람들이 나에게 문을 열면 열수록 나의 행복이나 삶의 보람도 높아지게 마련입니다.

마음을 닫게 만들면 결국 자신이 손해를 봅니다.

휴일에 야외로 놀러가자고 아이들에게 큰소리를 쳐놓고 정작 휴일이 되면 피곤하다며 낮잠을 잡니다. 아이들이 뾰루퉁해 가지고 아버지는 늘 약속을 어긴다고 불평합니다. 그럴 때 "아빠가 잘못했다. 미안하구나." 하면 아버지가 일하느라 피곤해서 그렇다고 아이들도 이해할 텐데 딴에는 아버지라고 "네 이 녀석! 입 닥치고 조용히 안 할래?" 하고 탁 쏘아붙이면 어떻게 되겠습니까?

그런 아버지를 보고 크면 아이들이 '아 우리 아버지처럼 안 돼야지.' 하는 게 아니라 보고 자란 그대로 자기도 또 그렇게 합니다. 이게 무서운 겁니다. 잘못된 업이 자꾸 윤회하는 겁니다. 잘못했다고, 미안하다고 참회를 하면 분위기만 좋아지는 것이 아니라 눈에 보이지 않는 응어리, 업장까지 녹입니다. 그러니 참회수행이 얼마나 중요한지 알 수 있습니다.

해인사에 살 때 지월 스님이라는 큰스님이 계셨습니다.

스님은 늘 하심하고 인욕했습니다. 자비롭게 웃으면서 사시는 보살 같은 분이었습니다. 어느 날 한 손님이 꾀죄죄한 누더기를 걸친 지월 스님의 뺨을 때리자 지월 스님은 얼른 그의 손을 잡고 진심어린 눈으로 "얼마나 아프십니까?"라고 했습니다. 손님은 세상에 처음 보는 이 대선지식 앞에 눈물을 흘리면서 참회를 했다는 일화가 전합니다.

아는 보살님 한 분은 기도를 참 많이 하는 분인데 일찍 남편을 여의고 혼자서 딸, 아들 둘을 키워 지금은 다 잘 되어 있습니다. 그런데 딸은 무사히 장성해 갈 길을 잘 찾아갔는데 아들에게 문제가 생겼습니다. 머리도 좋고 학업성적도 우수해서 아무 걱정도 안 했는데 고3이 되자 점점 공부를 안 하고 놀러 다니면서 애를 먹이는 것입니다.

그래서 이런저런 고민을 제게 털어놓는 보살님에게 매일 새벽에 아들 방을 보고 백팔배를 하라고 일렀습니다. 기도할 때는, '아들 공부 잘하게 해 달라'고 비는 것이 아니라 '제가 지은 허물이 큽니다. 제 잘못입니다. 참회합니다.' 하는 마음으로 하라고 했습니다.

보살은 즉시 참회기도를 시작했습니다. 기도를 해 가는데 남편 없이 혼자 사는 서러운 생각도 나고, 자식 원망스런 생각도 나고, 또 자식에게 잘못해 준 생각이 자꾸 나더랍니다. 그래서 그때마다 스님이 시킨 대로 '다 내 잘못입니다. 진심으로 참회합니다.' 하면서 절을 했답니다. 그렇게 한 달 정도 지났는데 어느 날 새벽 아들이 문을 열고 나오더니 잘못했다면서 손을 잡고 울더라는 것입니다.

자신의 잘못을 인정하고 반성할 줄 아는 참회를 하면 가정도 사회도 밝아지니 우리 자신에게도 이익이 됩니다. 참회할 일이 생기면 시비를 가린다고 지체하지 말고 지혜롭게 즉각 참회해야 효험이 큽니다. 시간이 흐르면 사람 마음에 점점 꼬여서 좋지 않은 생각이 풍선처럼 커지기 때문입니다.

업장을
참회하여
없애는 수행

『화엄경』「십지품」의 말씀을 살펴보면 열 가지 착하지 못한 업을 지으면 상(上)은 지옥의 씨앗이 되고, 중(中)은 축생의 씨앗이 되고, 하(下)는 아귀의 씨앗이 된다고 했습니다. 함께 살펴보고 경계합시다.

1. 살생(殺生)한 죄는 능히 중생으로 하여금 지옥·아귀·축생의 삼악도에 떨어지게 되는데 만약 사람으로 태어나더라도 수명이 짧고, 병이 많다.
2. 도둑질(偸盜)한 죄도 삼악도에 떨어지는데 사람으로 태어나더라도 빈궁하고, 재물을 가져도 공동의 명의가 되어 마음대로 사용할 수 없다.
3. 사음(邪淫)한 죄도 삼악도에 떨어지는데 사람으로 태어나면 정조

를 잘 지키는 아내를 얻지 못하고, 권속이 뜻을 따라주지 않는다.

4. 망어(妄語)한 죄도 삼악도에 떨어지는데 사람으로 태어나면 비방을 많이 당하고, 남의 속임을 당한다.

5. 양설(兩舌)한 죄도 삼악도에 떨어지는데 사람으로 태어나면 권속이 흩어지고, 친족이 도리에 어그러지고 흉악하다.

6. 악구(惡口)한 죄도 삼악도에 떨어지는데 사람으로 태어나면 항상 악한 소리를 듣고, 말다툼이 많다.

7. 기어(綺語)한 죄도 삼악도에 떨어지는데 사람으로 태어나면 내 말을 사람들이 받아주지 않고, 말이 명료하지 못하다.

8. 탐욕(貪慾)한 죄도 삼악도에 떨어지는데 사람으로 태어나면 마음에 족한 줄 모르고, 욕심이 많아서 싫어할 줄 모른다.

9. 진에(瞋恚)한 죄도 삼악도에 떨어지는데 사람으로 태어나면 항상 다른 사람이 나의 장단(長短)을 구하고, 남에게 괴롭힘을 당한다.

10. 사견(私見)한 죄도 삼악도에 떨어지는데 사람으로 태어나면 사견(私見)의 집안에 태어나고, 그 마음이 바르지 못하고 지조 없이 아첨한다.

업보는 허공·바다·산속 어디에도 피할 수 없고, 과보를 피할 곳은 어디에도 없으니 참회해야 합니다. 참회하는 힘으로 죄업을 소멸합니다. 우리 인간이 업을 짓는 것은 생사가 있기 때문이므로 참회할 때는 먼저 열 가지 생사를 따르는 마음(十種順生死心)을 참회해야 합니다.

1. 부질없이 나와 남을 헤아리는 마음

2. 번뇌로써 악연(惡緣)을 만나 들뜨는 마음

3. 착함이 없어져 남의 좋은 일을 기뻐하지 않는 마음

4. 삼업을 함부로 하여 나쁜 짓을 마음대로 하는 마음

5. 악한 마음을 두루 펼치는 마음

6. 악한 마음이 이어져 주야로 끊어지지 않는 마음

7. 허물을 덮고 가려 남이 알지 못하게 하는 마음

8. 사납고 저돌적이어서 악도(惡道)를 두려워 않는 마음

9. 부끄럼이 없어 범부와 성인을 두려워 않는 마음

10. 인과를 믿지 않아 불성이 없는 종자가 되는 것

나와 남을 가릴 것 없이 생사에 유전함이 위와 같은 열 가지 생사를 따르는 마음 때문입니다. 따라서, 생사의 고통을 벗어나고 싶다면 열 가지 생사를 거스르는 마음(十種逆生死心)을 내어야 합니다.

1. 인과를 분명히 믿을 것

2. 스스로 부끄러워하여 꾸짖을 것

3. 악도를 두려워할 것

4. 자기의 허물을 감추지 말 것

5. 상속하는 마음을 끊을 것

6. 보리심을 발할 것

7. 공덕을 쌓아 허물을 보상할 것

8. 바른 법을 수호할 것

9. 시방세계의 부처님을 생각할 것

10. 죄의 성품이 공(空)함을 관찰하는 것입니다.

열 가지 생사를 거스르는 '십종역생사심'으로 '십종순생사심'
을 바꾸어놓을 수 있다면 어떠한 죄업도 소멸할 수 있습니다.

성공의
비결

　　한 해가 저무는 때가 되면 사람들은 왜 이렇게 세월이 빠르냐고 세월 탓을 합니다. 지나가는 세월은 붙잡을 수도 없으니 이를 어찌해야 좋을까요?

　　중국 당나라 때 유명한 문장가요, 대학자였던 향산 거사 백낙천의 시(詩) 한 구절이 생각납니다.

　　와우각상쟁하사(蝸牛角上爭何事)

　　석화광중기차신(石火光中寄此身)

　　달팽이 뿔 위에서 다툰들 뭐 하나

　　부싯돌 번쩍하듯 지나가는 인생아.

　　사는 게 뭔지 돌아볼 새도 없이 숨 가쁘게 하루하루를 살다보니 무엇을 위해서 사는지, 허망하기도 하고 한심한 생각이 들 때도 있을 것입니다. 그래도 살아야 하는 게 우리 인생입니다. 지난 한 해를 돌아보면서 계획대로 모두 이루었는지, 또 무슨 장애가 있어서 계획한 일을 이루지 못했는지 살펴보는 시간을 가져보십시오.

세속의 삶에서 제일 큰 화두는 아마도 성공일 것입니다. 고등학생은 좋은 대학교에 가는 것이 성공이고, 대학 졸업생은 좋은 직장에 취업하는 게 성공이고, 직장인은 인정받고 승진하는 게 성공이라면 성공일 것입니다. 스님들의 화두도 성공이기는 마찬가지입니다. 다만 성공의 내용이 다르지요. 화두를 깨쳐 견성 성불하는 것이 스님들이 가장 바라는 성공입니다.

누구나 다 바라는 성공의 비결을 일찍이 부처님께서 가르쳐주셨기에 소개합니다. 이대로만 하면 반드시 성공하게 되어 있으니 지난해 마음먹은 대로 이루지 못한 분들은 오는 해에는 이 도리를 실천해서 반드시 성공하기 바랍니다. 부처님께서는 성공에 필요한 열 가지의 가르침을 주셨습니다.

첫째, 욕정에 휘둘리지 말라.
둘째, 세상과 사람을 미워하지 말라.
셋째, 성공에 대해 너무 집착하지 말라.
넷째, 작은 성공이나 실패에 매달리지 말라.
다섯째, 충분한 휴식이 필요하다.
여섯째, 성공하지 못하면 어쩌나 하는 두려움이나 공포심을 갖지 말라.

일곱째, 도중에 이 일을 하면 괜찮을까 하는 의구심과 망설임을
갖지 말라.

여덟째, 항상 진실해야 하며 실수나 실패를 솔직하게 인정하라.

아홉째, 그릇된 방식으로 이익과 명성을 얻지 말라.

열째, 자신을 높이고 다른 사람을 경멸하지 말라.

— 『숫타니파타』

불교는 성공을 위한 종교입니다. 성공하는 길을 알려주는 종
교입니다. 행복의 길을 가르쳐주는 종교입니다. 불교는 모든 괴
로움을 벗어나 성공의 비결을 일깨워주는 가르침이니 불교에 의
지해서 살면 성공합니다.

우리의
자화상

　　　항간에는 오늘날 지구촌이 처한 상황을 보고 염려하는 목소리가 높습니다. 식량과 같이 우리의 실생활에 직접적으로 영향을 미치는 먹거리에서부터 휘발유, 경유 등 지하자원 등의 고갈, 이름도 생소한 각종 질병, 지진이나 쓰나미, 폭우, 가뭄 등 생활환경 전반적으로 갈수록 위기감이 고조되고 있는 것이 사실입니다.

　　이런 모습은 결코 어느 날 갑자기 만들어진 것이 아닙니다. 누가 이렇게 만들었습니까? 원인 없는 결과가 없다고 반드시 누군가 이렇게 만든 사람이 있습니다. 누굴까요?

　　인도의 성자로 추앙받는 마하트마 간디는 이런 말을 했습니다.

　　"이 세상은 우리의 필요를 위해서는 풍요롭지만 탐욕을 위해서는 궁핍한 곳이다."

여기 답이 있습니다. 바로 우리 자신입니다. 우리가 그렇게 만든 것입니다. 가만히 흘러가는 강물을 그냥 두면 될 것을 인간의 편리를 위해 가두고, 굽은 강줄기를 곧게 만든다고 파고 부숩니다. 하늘에 떠가는 구름마저도 가만히 두지 않습니다. 때가 되면 비가 내려야 되는데 강제로 비가 내리도록 하니 다른 한 쪽에서는 가뭄이 듭니다. 소가 풀을 먹고 자라야 하는데 자기네 선친의 살과 뼈를 갈아서 다시 먹게 되니 그 소가 미치지 않고 견디겠습니까?

이것이 오늘날 우리의 자화상입니다. 천지만물, 우주의 질서를 파괴하기 때문에 자연의 재앙이 끊이지 않는 것입니다.

일찍이 부처님께서는 비유로써 위기에 처한 우리의 삶을 말씀하셨습니다.

어떤 사람이 벌판을 걷다가 갑자기 뒤에서 성난 코끼리가 달려오자 그는 코끼리를 피하기 위하여 정신없이 달리기 시작합니다. 한참을 달리다 보니 몸을 피할 작은 우물이 있어 급한 나머지 그 속으로 들어갔는데 우물에는 마침 칡넝쿨이 있어 그것을 타고 밑으로 내려갑니다. 한참 내려가다가 정신을 차리고 아래를 내려다보니 밑에는 무서운 독사가 입을 벌리고 있었습니다. 그래서 다시 위를 쳐다보니 코끼리가 아직도 우물 밖에서 성난 표정으로 서 있습니다.

그는 하는 수 없이 칡넝쿨에만 매달려 목숨을 부지하고 있는

데 어디선가 사각사각 소리가 나서 주위를 살펴보니 위에서 흰쥐와 검은 쥐가 번갈아가며 칡넝쿨을 갉아먹고 있습니다. 그뿐만 아니라 우물 중간에서는 작은 뱀들이 왔다 갔다 하면서 어서 떨어지라고 기다립니다.

온 몸에 땀이 날 정도로 두려움에 떨며 칡넝쿨을 잡고 위만 쳐다보고 있는데 마침 칡넝쿨에 집을 지은 벌 다섯 마리가 나타나 꿀을 한 방울씩 떨어뜨려 주는데 그는 꿀맛에 취해 왜 꿀을 더 많이 떨어뜨려 주지 않나 하는 생각에만 빠져 자신의 위급한 상황을 잊고 있습니다.

이 이야기에서 코끼리는 무상하게 흘러가는 세월을 의미하고, 칡넝쿨은 생명, 검은 쥐와 흰쥐는 밤과 낮을 의미합니다. 작은 뱀들은 가끔씩 몸이 아픈 것이고, 독사는 죽음을 의미하며, 벌 다섯 마리는 인간의 오욕락(五欲樂)을 뜻합니다.

오늘날 우리 인간은 재물에 대한 욕망, 이성에 대한 욕망, 먹을 것에 대한 탐욕, 명예에 대한 욕망, 편안함의 추구라는 다섯 가지 욕망에 너무 깊이 빠져 산다는 생각이 듭니다.

이 감옥에 처한 나의 자화상을 바로 보고 정신을 차린 사람이 바로 우리 불자입니다. '이래서는 안 되겠구나. 정신 차리자.' 하고 진리를 찾아 나선 사람들이 바로 부처님 제자입니다. 그런데 절에 오면서도 무엇 때문에 절에 오는지도 모르고 오는 사람들이 많습니다. 왜 왔는지 잘 알아야 합니다.

마의상서(麻衣相書)를
다시 쓴 이유

상호불여신호(相好不如身好)

신호불여심호(身好不如心好)

관상 좋은 것이 신상(身相) 좋은 것만 못하고

신상 좋은 것이 심상(心相) 좋은 것만 못하네.

이 글은 중국의 관상학을 집대성한 '마의 선인'이 쓴 『마의상서(麻衣相書)』 뒷부분에 덧붙인 내용인데, 이렇게 말한 까닭을 살펴보면 다음과 같습니다.

어느 날 마의 선인이 길을 가던 중 나무하러 가는 머슴살이 총각을 만났는데, 꼭 죽을상을 하고 있었습니다. 마의 선인은 그에게 "얼마 안 있어 세상을 떠날 것 같으니 무리해서 고생하지 말게."라고 말한 후 그 곳을 지나갔습니다.

머슴살이 총각은 그 말을 듣고 낙심하여 하늘을 바라보며 탄식하다가, 계곡에 떠내려 오는 나무껍질 속에서 수많은 개미떼가 물에 빠지지 않으려고 발버둥치는 것을 보았습니다. 총각은 자신의 신세와 같은 개미에게 연민을 느끼고 나무껍질을 물에서 건져 개미떼들을 모두 살려주었습니다.

며칠 후, 마의 선인은 우연히 며칠 전의 머슴총각과 다시 마주치게 되었는데, 이게 웬일인가! 그 총각의 얼굴에 서려 있던 죽음의 그림자는 온데간데없고 오히려 30년 넘게 부귀영화를 누릴 관상으로 변해 있었습니다.

마의 선인은 총각으로부터 수천 마리의 개미를 살려 준 이야기를 듣고 충격을 받은 후 자신이 지은 책인『마의상서』제일 마지막에 이 총각의 예를 추가로 기록했습니다.

관상 좋은 것이 신상(身相) 좋은 것만 못하고
신상 좋은 것이 심상(心相) 좋은 것만 못하네.

용하다는 점쟁이를 찾는 사람들이 많은 줄 압니다. 불자는 그런 데 빠지지 말고, 마음 먹기에 따라 운명이 바뀐다는 신념으로 살아야 합니다. 내 인생은 내가 열어가는 가르침이 불교입니다.

부설거사 팔죽시
(浮雪居士八竹詩)

부설 거사(浮雪居士)는 신라 28대 선덕여왕 시절의 선지식입니다. 다음과 같은 시를 남겼는데 이 속에 인생의 지혜가 담겨 있어 소개합니다.

차죽피죽화거죽(此竹彼竹化去竹)

풍타지죽랑타죽(風打之竹浪打竹)

죽죽반반생차죽(粥粥飯飯生此竹)

시시비비간피죽(是是非非看彼竹)

빈객접대가세죽(賓客接待家勢竹)

시정매매세월죽(市井賣買歲月竹)

만사불여오심죽(萬事不如吾心竹)

연연연세과연죽(然然然世過然竹)

이런 대로 저런 대로 되어가는 대로

바람 부는 대로 물결치는 대로

죽이면 죽 밥이면 밥 이런 대로 살고

옳으면 옳고 그르면 그르고 그런 대로 보고

손님 접대는 집안 형편 닿는 대로

시정 물건 사고파는 것은 세월 가는 대로

세상만사 내 마음 대로 되지 않아도

그렇고 그런 세상 그런 대로 보낸다.

이 부설 거사의 팔죽시를 넉 자로 줄이면 허허실실(虛虛實實)입니다. 여기서 '죽(竹)'자는 '~하는 대로'라는 뜻으로 해석합니다. '되면 좋고 안 돼도 그만인 식으로 산다'는 뜻입니다.

어떻게 생각하면 허망하게 생각할 수도 있습니다.

그러나 절대로 세상을 아무렇게나, 될 대로 되라는 식으로, 내키는 대로 포기하고 살라는 것이 아닙니다. 억지로 세상을 살려고 하지 말고 진리와 순리에 맞추어 살라는 뜻입니다.

눈보라가 몰아친다고 걱정한들 눈보라가 그치지는 않습니다. 비 오면 비 오는 대로 바람 불면 바람 부는 대로 순응하고 살라는 것입니다. 허영과 욕망에 들떠서 오기 부리고 살지 말라는 것입니다.

요즘 처지를 비관해 소중한 목숨을 끊는 사람들이 있습니다. 그러지 마세요. 사람 한 평생은 짧다면 짧지만 그 안에도 우여곡

절이 많습니다. 곡절이 없는 인생사는 없습니다. 그때마다 분수에 맞게 순리대로 살라는 것입니다. 젊어서 돈 많이 벌고, 떵떵거리며 살았더라도 퇴직해 수입이 없으면 없는 대로 검소하게 살면 됩니다. 서러워하거나 부끄러워하지 말라는 것입니다.

평상심을 잃지 말고, 분수대로 살면 꽃 피고 새가 우는 시절이 옵니다. 인생은 허허실실(虛虛實實)입니다. 우주 삼라만상의 주인은 바로 '나'라는 생각으로 삽시다.

날품팔이
인생

조선시대 후기 유불선(儒佛仙)에 통달한 월창 거사 김대현은 세상 사람을 깨닫게 하는 일이 평생 소원이었다고 합니다. 그가 쓴 『술몽쇄언』에 참 좋은 글이 있어 소개합니다.

"고요히 살펴보니 세상 사람들의 몸은 셋방살이 같고, 마음은 날품팔이꾼과 같다.

어째서 셋방살이라고 하는가?

셋방은 비록 좋더라도 기한이 되면 물러나야 한다. 사람의 몸은 비록 아름답더라도 수명이 다하면 가야 하니 어찌 셋방살이라고 아니하겠는가.

어째서 마음을 날품팔이라고 하는가?

이 일을 다 마치면 또 저 일을 한다. 온종일 바삐 쫓아다니면서 자기 마음대로 하지 못한다. 사람의 마음은 만약 이 일을 붙잡지 않으면 반드시 저 일을 붙잡는다. 한때도 자기 마음대로 하지 못한다. 어찌 날품팔이꾼이 아니라고 하겠는가?

집은 돈이 있으면 다시 세낼 수 있으나 정해진 목숨은 바꿀 물건이 없다. 날품팔이는 일을 마치면 그칠 수 있으나 마음의 노역(勞役)은 잠깐이라도 그칠 때가 없다.

꿈속의 마음과 몸도 또한 반드시 무엇엔가 붙잡고 매달린다.

이것으로써 참이라고 하고, 이것으로써 즐겁다고 한다.

붙잡고 매달리는 때를 떠나면 또한 매우 허전하게 여긴다.

아아! 죽어서도, 꿈에서도, 깨어서도, 자유자재할 때가 없구나."

참으로 지당한 말이 아닐 수 없습니다. 우리 육신을 가만히 들여다 보면 정말 셋방살이와 같다는 것을 알 수 있습니다. 그리고 우리 마음을 보면 하루도 가만히 있지를 못합니다. 쉴 새 없이 무언가를 쫓아 하염없이 이리저리 바쁘게 다니니 마음이야말로 날품팔이라고 하는 것입니다.

한 해가 저물어 가고 있는 12월입니다. 우리 자신을 한 번 돌아봅시다. 뒤돌아보면 어느 하루 바쁘지 않은 날이 없었습니다. 어떤 사람은 명예를 위해, 돈을 위해, 출세를 위해 저마다 동분서주하며 보냈음에도 만족스럽지 못하고 허전합니다. 그 이유가 무엇일까요?

행복과학 분야의 세계적 권위자인 에드 디너 미국 일리노이대 교수는 세계적인 여론조사기관인 갤럽이 2005년 130개국 13

만 7,214명을 대상으로 실시한 행복 여론조사를 분석한 연구 결과, 한국인의 삶의 만족도는 5.3점으로 중간인 5.5점보다 약간 낮았다고 합니다. 특히 긍정적인 감정과 부정적인 감정 간의 차이를 나타내는 '정서 균형'은 130개국 중에서 116위에 불과했다고 합니다.

에드 디너 교수는 그렇게 열심히 쫓아다녔는데도 세계에서 가장 못 사는 아프리카 '짐바브웨'보다 우리나라 사람들의 행복도가 낮은 까닭에 대해 정곡을 찌르면서 행복에 대한 오해 중 하나는 '돈이 있으면 행복할 것'이라는 잘못된 생각이라고 역설했습니다. 우리나라 사람들이 지나치게 물질중심적이고, 인간과 인간 사이의 관계가 낮기 때문이라고 분석했습니다.

언제부터 우리가 서양학자의 이런 분석의 대상이 되었는지 안타까운 생각이 듭니다. 우리는 이런 평가를 받을 만한 민족이 아니었습니다. 인정 많고 따뜻하고 상하가 서로 공경하며 서로 나누며 살아가는 정이 많고 훈훈한 민족이었습니다. 이것이 우리의 본래 모습입니다.

우리는 오늘도 보다 행복한 인생을 위해 최선을 다하고 있습니다. 참된 행복의 길이 무엇인지 잠시 쉬면서 나의 삶을 돌아보며 한 해를 잘 마무리해야 하겠습니다.

혜총 스님

1953년 양산 통도사에 입산, 득도하여 근세 대율사이신 자운 대종사를 40년 동안 시봉하였다. 해인사 승가대학, 범어사 승가대학, 동국대학교 불교학과를 졸업하였으며, 동 대학원 석사과정을 수료하였다. 동화사, 해인사, 선암사, 범어사 등 선원에서 수행 정진하였다.

또한 대한불교신문을 창간하여 편집인, 발행인, 사장을 겸하였으며, 동국대 석림동문회 회장, 해인사 승가대총동문회장, 범어사 부주지, 용호종합사회복지관 관장, 대한불교어린이지도자연합회 회장과 학교법인 원효학원 이사를 역임하였으며 불교문화창달을 위해 실상문학상 외 5개 대상을 제정하였다.

대한불교조계종 5대 포교원장, 현재 감로사 주지 및 재단법인 불심홍법원 이사, 사회복지법인 불국토 이사장, 사단법인 한국불교발전연구원 이사장 등을 맡고 있다.

대한불교조계종 성철종정 표창장, 포교대상 공로상, 제7회 대원상 포교대상 및 국민훈장 동백장, 국무총리상, 대통령상 등을 수상하였다.

저서로 『새벽처럼 깨어 있으라』 『감로의 문을 연 부처님』 『나무아미타불 예찬』 『아미타 부처님을 만난 사람들』 『꽃도 너를 사랑하느냐』가 있다.

공양
올리는
마음

2011년 11월 3일 초판 발행
2014년 1월 3일 초판 5 쇄

지은이   혜총
펴낸이   박상근(至弘)
주간   류지호
편집   이기선, 이길호, 정선경, 천은희
디자인   김소현
제작   김명환
홍보마케팅 김대현, 이경화, 한동우
관리   윤애경

펴낸 곳   불광출판사
            110-140 서울시 종로구 수송동 46-21, 3층
            대표전화 02) 420-3200
            편 집 부 02) 420-3300
            팩시밀리 02) 420-3400

출판등록 제1-183호(1979. 10. 10)

ISBN 978-89-7479-213-9
값 13,000원

독자의 의견을 기다립니다. 잘못된 책은 바꾸어드립니다.
www.bulkwang.co.kr